目　次

目　次

カバー・本文イラスト＝飯箸　薫

プロローグ

東京にいる姪っ子から電話をもらったのは、お気に入りの「紅葉鯛のしゃぶ」に舌鼓を打っているときだった。東京でホテルのコンシェルジュとして働いているのだが、年明けから大阪へ転勤になるらしい。ついては、関西の美味しい食べものにも通じておかないといけないので、折々に季節のものを食べに連れて行ってほしいというのだ。

幼いころから、家に遊びに来たときには旬の手料理をふるまったり、少し大きくなってからは、行きつけの店に連れていったりしていたからであろう。彼女の目にわたしは「美味しいものにくわしい叔父さん」と映っているらしい。都合よく使われるような気もするが、わたしもそういったことは嫌いな質ではないので、おねだりに応えることにした。

姪っ子との食べ歩きが始まってみると、やれやれ、「大学の先生」というのは、何でも知っているとでも勘違いしているのだろうか。毎回毎回、その日の料理の食材の調達の仕方から始まって、調理方法、さらには食べ方にいたるまで、次つぎと質問してくる。

そうなるとこちらもついつい調子に乗って、食材を生み出した日本列島の自然についてまで蘊蓄《うんちく》を傾けることになった。というのも、わたしは「マグマ学者」である。マグマやそれが冷え固まった石のつぶやきに耳を傾けて、四六億年前に誕生した地球がどのようにしていまの姿になってきたのか、日本列島はなぜこれほどまでに火山や地震が多い「変動帯《へんどうたい》」なのか、などといったことを調べている。

「食べものって、その背景にある自然の営みを知ると、ずっと深く味わえるのね！」

姪っ子のやつ、生意気にも、嬉しいことをいってくれるじゃないか。わが意を得たりというところか。ユネスコ無形文化遺産にも登録された世界に誇る「和の食」は、変動帯に暮らす日本人が生み出した文化なのだ！

＊　＊

わたしたち日本人は、地震や火山噴火などのとてつもない試練を日本列島から与えられてきた。そして、これからも与えられ続ける運命にある。しかし同時に、数えきれないほどの恩恵も授かっている。その一つが「和の食」といえよう。

四季折々の日本の料理や酒を嗜むときに、それらを育む日本列島の地勢や自然の成り立ちを知っておくことも、味わいを豊かにする。多くの方に、その楽しみを伝えたくて、姪っ子との二〇一三年一年間の食べ歩きを記録してみた。

それではみなさん、一風変わったグルメ散歩をご一緒にどうぞ！

一月

おでん

出汁《だし》は山紫水明の恵み

透き通った出汁の秘密

底冷えの季節になると、おでんが恋しくなるものだ。自然と最初の食べ歩きは、京都木屋町裏のおでん屋から始まった。もちろん、わたしには目論見があった。東京育ちの姪っ子に、出汁を食べるおでんを知ってほしかったのだ。

「あれ？　このおでん、なんだか色が薄いわね！」

関西人にとっては「関東《かんと》煮《だき》」とよぶ方がピンとくる代物を見た途端、彼女に衝撃が走ったようだ。関西のおでん出汁は透き通っているのだ。透明な理由は簡単である。濃口醤油ではなく薄口をほんのわずかにしか使わないからだ。おまけに塩は指先につまむ程度にしか加えない。それでも、いやそれだからこそ、昆布と鰹の出汁が見事なまでのうま味を醸し出すのである。

「それにしてもこの大根……、色が薄いのにいいお味ねぇ」

東京ではついぞ見かけない、薄黄金色の大根はとくに気に入ったようだ。彼女によると、取り皿の中で、出汁と一緒に少し冷めた方が、味がしみ込んで美味しいらしい。あまりにも的確なことをいうので感心した。そう、出汁の味がしみ込むのは、冷えていくときに起こる現象なのだ。また、ひろうす（飛竜頭。関東でいうがんもどき）も、舌の上にしみ出す出汁との相性が抜群とのこと。まんまと術中にはまっている。

「美味しい出汁の取り方を知りたいな」

割烹では、大将の感性や考え方によって、いろんな方法で出汁を取っているようだが、家庭でも簡単にできて、しかも理にかなった、つまり科学的根拠のあるやり方は次のようなものである。

昆布表面の汚れやほこりを、軽く湿らせたキッチンペーパーでさっと拭き取り、水（できれば軟水の天然水。まあまあ、その理由はあとで）に入れて中火で加熱。指を浸すことができない程度（約六〇度）になったところで、一時間を目処にこの温度をキープする。この条件が昆布のうま味成分の抽出に最適なのだ。次に花かつおを入れて加熱するのだが、このときに沸騰させてはいけない。魚臭くなって出汁が台なしになる。あとは、ざるとキッチンペーパーでさっと濾す。たったこれだけの手間で、食材の味を見事に引き出すだけではなく、心の奥底にまで沁みわたる珠玉の液体を手に入れることができる。わたしたち日本人は、なんて果報者なのだろう。

「なぜお出汁ってこんなにも美味しいのかしら？」

当然の質問である。そして、それにはきちんとした科学的な裏づけがある。

うま味は「ｕｍａｍｉ」

和の食の最大の特徴の一つは、出汁のうま味を基本とすることだ。もちろんストック、ブイヨン、ブロードなどの西洋出汁や、葷湯《フンタン》とよばれる中華出汁もうま味たっぷりではあるが、いかんせん脂分が多く味も濃いものが多い。対して日本の出汁はあっさりしていてカロリーが低いにもかかわらず、うま味は諸国の出汁に勝るとも劣らない。

どうやら姪っ子は、わたしが「うま味」という言葉を使うことが気にくわないらしい。

「いやしくも科学者なんだから、そんな感覚的で曖昧な表現を使ってはいけないのじゃない？」

科学者にとって最も大切な資質の一つは「感性」だと反論したくなるが、話がそれていきそうなのでやめておいた。でも、これだけはいっておかねばならない。うま味とは、「美味《うま》い」という感覚的な表現とは一線を画す、きわめて科学的な用語なのである。

わたしたちの五感の一つである「味覚」は、そもそもは生体にとって必要不可欠な、あるいは有害な成分を識別する感覚である。主に舌で感知される味覚には「甘味」「苦味」「酸味」「塩味」の四種類があることは古くから知られていた。それぞれに対応する成分（たとえば甘味の場合はグルコース）を、舌の味細胞にある「受容体（レセプター）」が検知するのである。うま味成分については日本の科学者が、昆布からグルタミン酸を池田菊苗《きくなえ》が、鰹節からイノシン酸を小玉新太郎が、椎茸からグアニル酸を国中明がというように、和の食材に発見していたのであるが、これらの食材になじみの薄い西洋ではなかなか受け入れられなかった。しかし、二〇世紀末から二一世紀初頭にかけて、グルタミン酸受容体が味細胞の中に発見され、「うま味」も基本味覚として広く認知されるようになったのである。当然ながら、この第五の味覚には適切な英単語が存在しないため「ｕｍａｍｉ」と表現されることが多い。

出汁と軟水——和食の基本となるもの

さて、和の代表的な出汁食材である昆布、鰹節には、ほかの食材に比べて圧倒的にうま味成分が多く含まれている。たとえばグルタミン酸については、昆布には西洋出汁で用いられるタマネギやニンジンの一〇倍も含まれているし、鰹節中のイノシン酸量は、鶏肉、豚肉、牛肉の数倍にも達する。さらに、これらのうま味成分は単独で使うよりも、組み合わせることで飛躍的に強く感じられることが実験で立証されている。昆布と鰹節で出汁をとる和の食文化は、この相乗効果も最大限に活用しているのである。

ここで一つ、姪っ子に質問してみることにした。日本で、出汁の材料として西洋や中国のように獣肉を使う習慣が乏しい理由を述べよと。即座に答えが返ってきた。

「それは、日本人の獣肉食に対する消極性ね。六世紀中ごろに百済《くだら》より仏教が伝わると、その教えにしたがって肉食は敬遠されるようになったの」

得意顔である。さらにはわたしの知らないことまでも教えてくれる。日本書紀には、天武天皇が仏教の立場から檻穽《かんせい》（落とし穴）や機槍《きそう》（飛び出す槍）を使った狩猟を禁じたと書かれているらしい。さすがに小さいころからの歴史好き、歴女である。

この姪っ子の返答は間違ってはいない。むしろ多くの食の専門家もこのように答えるに違いない。しかしわたしはこのような日本人の精神性に加えて、日本列島の自然の特質が和の出汁を生み出した点を強調したい。

日本でも、旧石器時代、縄文時代の昔から、猪や鹿の肉を食していたことが知られている。魚と同様に「煮る」調理も行われたことは想像に難くない。しかしそれが定着しなかったのにはわけがある。その煮汁や出汁があまりにも「獣臭かった」に違いないのだ。もちろん西洋の人たちも臭みは感じる。そこで彼らは、肉や血液中の臭み成分(脂肪酸やタンパク質)を取り除く作業をていねいに行う。いわゆる「灰汁《あく》取り」である。灰汁は、臭み成分と水に含まれるカルシウムが結合してつくられる。つまり、水の中にカルシウムが豊富に含まれていれば、臭み成分は灰汁として効果的に除去することができるので、うまいスープとなるのだ。一方、カルシウムが少ない水だとどうしても獣臭さは取り切れない。この水の違いこそが、日本では獣肉の出汁を用いる習慣が育たなかった重要な原因であると考える。

図1-1をご覧いただこう。この図は、日本の水道水や天然水、ミネラルウォーターと諸外国のそれらの「硬度」を比較したものである。水の硬度とは、含まれるカルシウムイオンやマグネシウムイオンの量に基づいた数値であり、この値が高いものを硬水、低いものを軟水とよぶ。日本列島の水は、ヨーロッパ(大陸)に比べて、圧倒的に軟水なのである。パリの水道水やエビアンを使えば

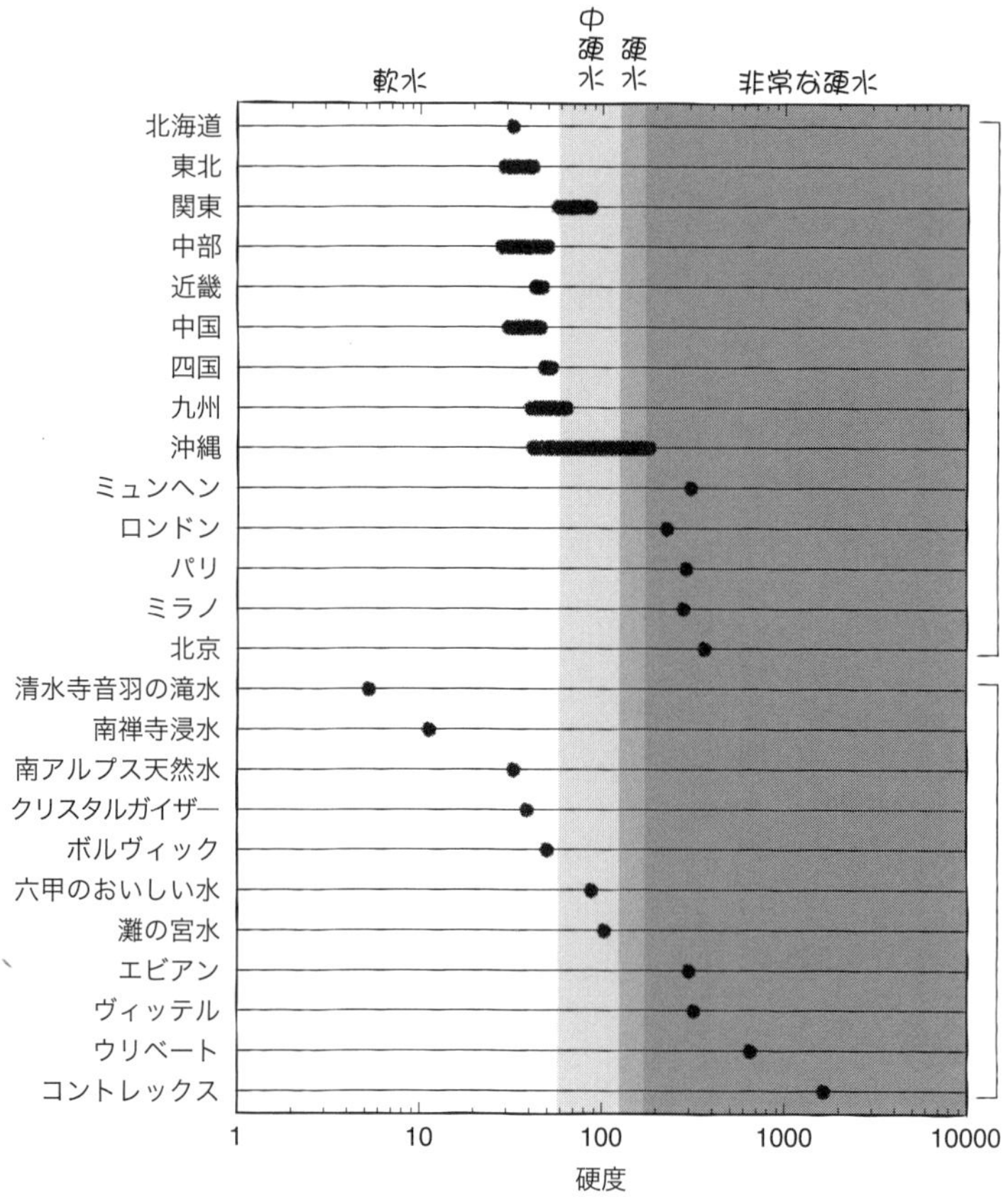

図 1-1　日本と諸外国の水道水，天然水，ミネラルウォーターの硬度．日本の水は軟水，大陸の水は多くが硬水である．京都の水である清水寺音羽の滝水と南禅寺浸水は超軟水

効果的に獣臭さを灰汁として取り除くことができるのに対して、日本ではそれはかなわないのだ。

さらに、和の出汁の成立には、軟水を用いると昆布のうま味成分を効果的に抽出できる点も重要である。硬水を用いると、水の中のカルシウムが昆布に含まれるアルギン酸と反応して、昆布の表面に沈殿物をつくることが知られている。こうなると、昆布の吸水性が下がり、うま味成分が水（出汁）へ溶け出しにくくなる。

「京都の老舗料亭が東京に店を出したときに、どうしてもいつもの出汁の味を再現できないので、ついには京都から水を運んだという話を聞いたことがあるわ。その原因が水の硬度の違いだったのね」

京都の水、とくに地下水や湧水は超軟水であるのに対して、関東の水は硬度が高いのである（図1-1）。

「じゃあ、なぜ大陸の水は硬水で、列島では軟水なの？」

姪っ子は、ヨーロッパのホテルで、部屋に備えつけのケトルの内側に白くこびりついたカルシウムを見たことも思い出したという。

そもそも、水に含まれるカルシウムイオンやマグネシウムイオンは、水が河川を流れる間に地表の岩石から溶け出したものである。つまり、これらのイオンを多く含む岩石、たとえば石灰岩が流域に広がっていると、当然、水の硬度は上がることになる。パリ盆地の周囲や地中海沿岸には、石灰質の地層や岩石が広く分布している。もう一つ、硬度を決定する重要なファクターがある。それ

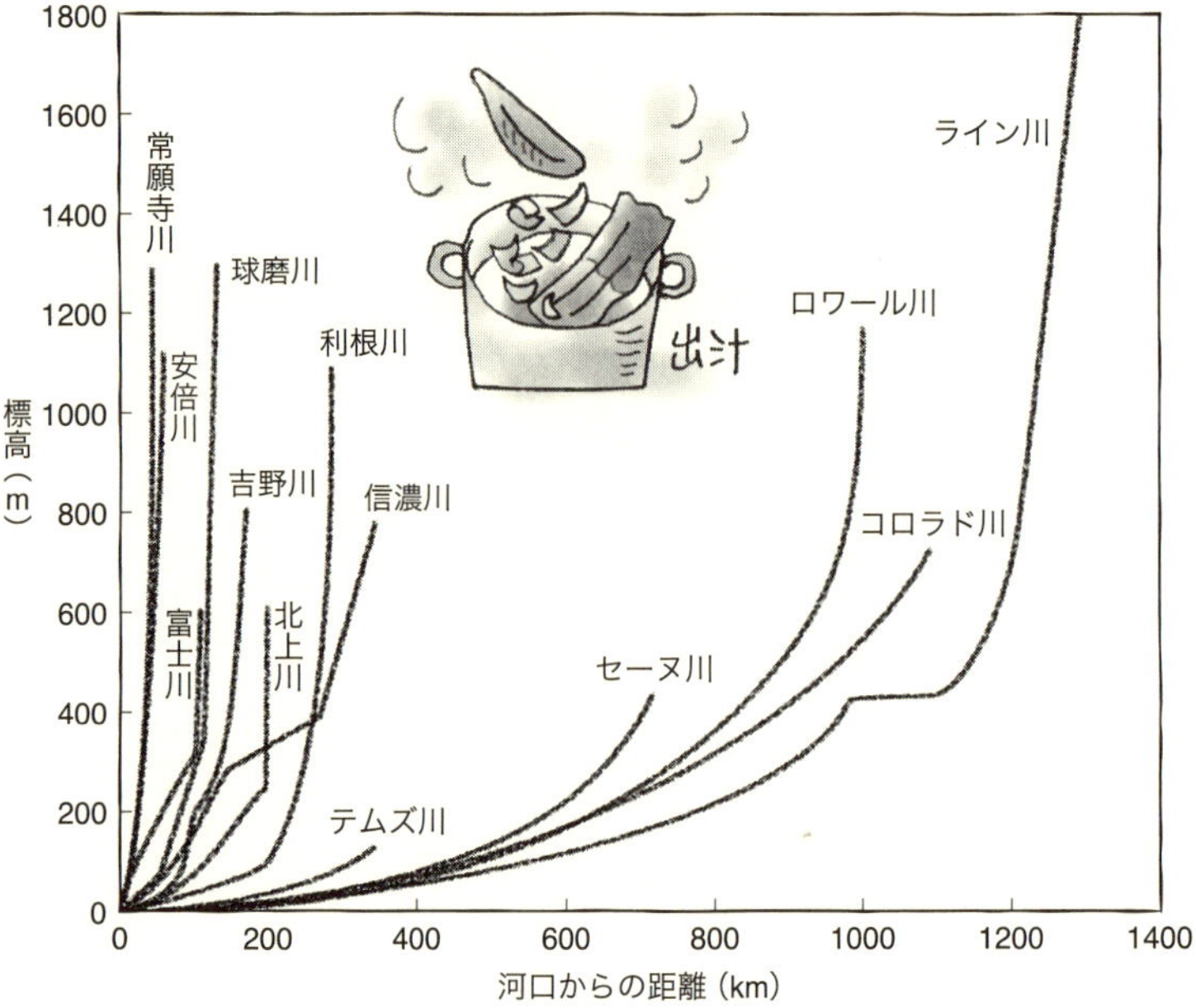

図 1-2 日本列島と世界の河川の河床勾配．日本の河川は急勾配なことが特徴

は、水が地表を流れている時間である。ゆっくりと流れる河川では、水と岩石が反応する時間が長いために、カルシウムイオンやマグネシウムイオンを多く取り込み、その結果硬水となる。そして、河川の流れの速さを決めるのが、「河《か》床勾配《しょうこうばい》」、つまり川底の傾き具合である(図1-2)。日本列島の河川は圧倒的に急勾配であるために、水は短時間で流れ下り軟水となる。一方、ゆったりと時間をかけて流れる大陸の河川水は、カルシウムイオンやマグネシウムイオンが多く溶け込むので硬水である。地下水に関しても同様のことが認められる。地下水が地下に留まってい

る平均時間を「滞留時間」とよぶが、中央ヨーロッパや米国テキサス州の地下水の滞留時間が一万年を超えるのに対して、日本の山麓湧水では数十年以下、京都盆地では五年程度といわれている。関東の水の硬度がやや高いのは、広い関東平野をゆったりと川が流れるためである。

河床勾配、つまり大地の傾斜は、もちろんその地域の最大高度に大きく影響されるが、さらに重要なことは平野の存在である。スイスアルプスのトーマ湖に端を発するライン川は、最初のうちは当然、急流であるが、やがて広い平野部に至ると悠然と流れる（図1‐2）。ひっきょう、日本は島国であるとともに山国なのである。このことは、同じく島国であるイギリスのテムズ川と比較すると納得できるであろう。

「そっか～。日本は山国、だから軟水の国で、それが出汁文化を育んだのねえ！」

しめしめ、納得したようである。しかし、

「じゃあ。なぜ日本はこんな山国なの？」

ここで満足しないところがいい。少しお腹もふくれてきたが、同じく軟水の賜物である「湯葉」をつまみながら、話を続けることにした。

山はなぜ高くなる？――変動帯日本列島

イギリスの登山家ジョージ・マロリーは、「なぜエベレストを目指すのか？」と問われて「そこに山があるから」と答えたといわれている。では、「なぜそこに山があるのか？」との問いに、わ

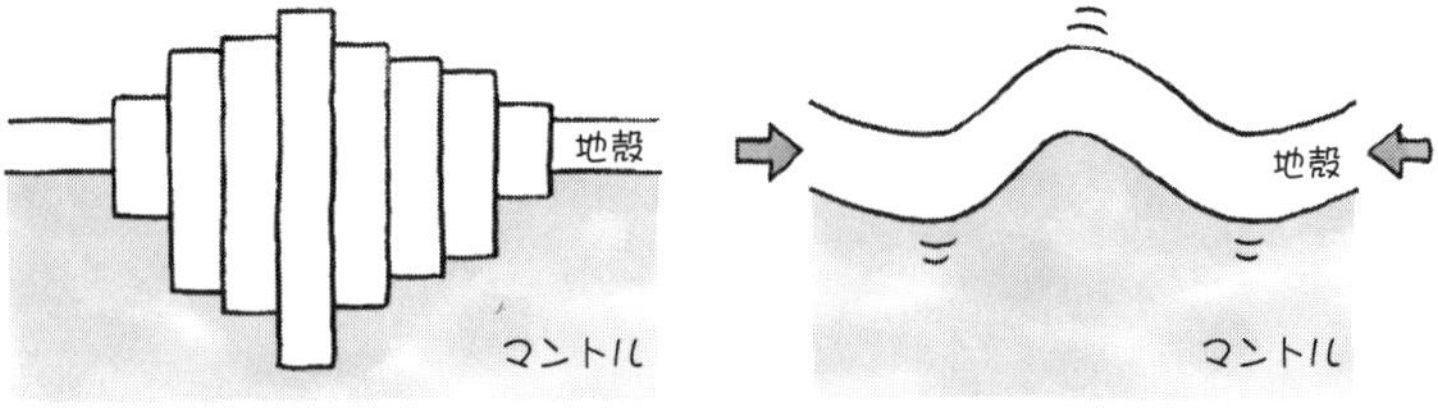

(b) 厚い地殻とアイソスタシー
→山地形成

(a) 圧縮によるたわみ
→山地と盆地の形成

図 1-3 日本列島で山が高くなるメカニズム

たしならどう答えようか？ 煙に巻くような気もするが、「変動帯だから」と答えるのがよさそうだ。変動帯とは、地球の最も外側、ゆで卵の殻にあたる「地殻《ちかく》」が活発に変動するゾーンという意味だ。世界の屋根といわれるヒマラヤ山脈。この大山脈は、インドプレートにのっかったインド大陸が、ユーラシアプレートをつくる大陸に衝突したために盛り上がったものである。規模ははるかに小さいが、同じような衝突による地殻変動は現在の日本列島でも起こっている。伊豆半島が本州にぶつかって丹沢の山々をつくっているのだ。このことはまた別に話すとして、このような衝突現象は日本列島ではめずらしく、ほとんどの山々は衝突とは別の原因で高くなったと考えられる。

変動帯日本列島において山が高くなるメカニズムは、大きく分けると二つある。一つは、地殻を圧縮する力が横方向から働くことで撓《たわ》みが生じて、山地と盆地ができるとするものである(図1-3a)。従来、日本列島の山地はこのようにして形成されたと考えられてきた。その理由は、日本列島の周辺には四枚のプレートがひしめき合っており(図1-4)、太平洋プレートとフィリピン海プレートが海《かい》溝《こう》から地球内部へ潜り込む際に、北米プレートとユーラシアプレートにのっかった日本列島を強烈に押し縮めるからである。東北から中部地方の山地は日本海溝とほぼ平行に走り、西南日本では南海トラフと同じ方向に延びている。つまり、沈み込むプレートの運動方向、言い換えると圧縮方向にほぼ直交した山地が形成されるとするのである（図1－3a）。このように考えると、たとえば奥羽山脈と出羽山地の間に横手、新庄などの盆地が形成され、瀬戸内海が中国山地と四国－紀伊山地の間に位置することなども直感的に理解しやすい（図1－4）。

プレートの運動がつくり出す強烈な圧縮力は、確かに活発な地殻変動を引き起こしてきた。たとえば、わたしたち日本人に繰り返し難儀を与える地震も、地殻変動の一つの表れである。しかしこと山地の形成に関しては、図1－3bに示すもう一つのメカニズムが大きな役割を果たしている。

地殻は、地球の内部を形づくる物質の中では最も軽く、一立方メートル当たり三トン弱である。一方でその下にあるマントルは一割以上も重く、しかも地殻に比べてずっと軟らかくて流れやすい性質がある。したがって地球的な時間で見ると、マントルはあたかも水のような流体として振る舞い、その上に軽い地殻がプカプカ浮いているとみなすことができるのだ。するとアルキメデスの原理が示すように、地殻が厚い所では浮き出る部分も多くなり山地をなすのである。このような現象を「アイソスタシー（地殻均衡）」とよぶ。

「列島が隆起しているってことは、地殻がどんどん分厚くなっているってことね。じゃあ、なぜ地殻は厚くなっているの？」

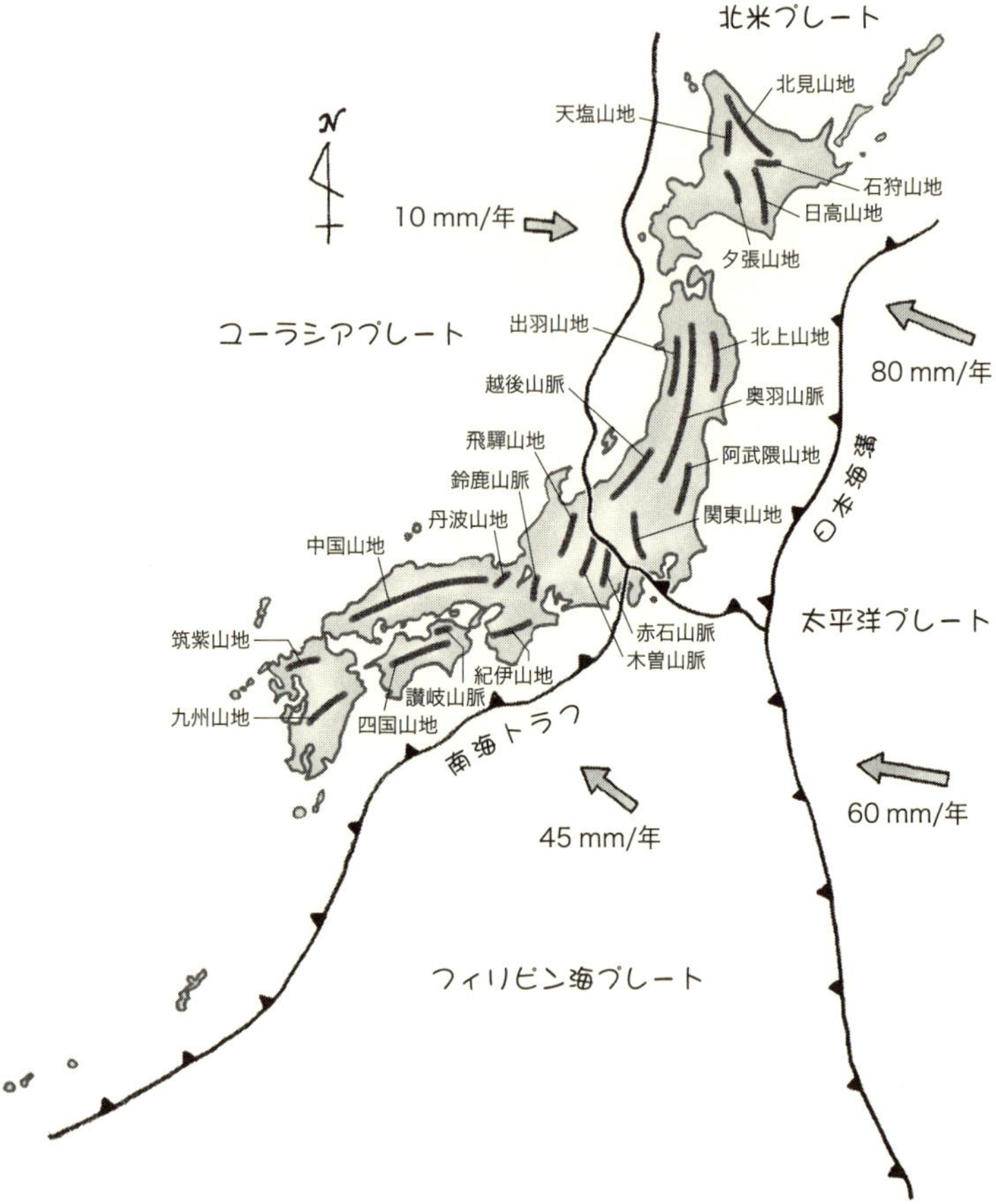

図 1-4　日本列島の山地・山脈と周辺のプレート．━▲━▲━ はプレートが沈み込む海溝．プレートは⇦の方向に動いている

いい質問だ。このことを考えるうえで鍵となるのが、火山と山地の密接な関連である。東北日本には、那須・鳥海の二つの火山帯が並走している。そしてそれぞれが、奥羽、出羽、越後の山地・山脈と一致している。また、「北アルプス」として知られる飛騨山地は、乗鞍火山帯に属する火山で構成されている。

火山の地下には、地殻の中に直径数キロメートルサイズの「マグマ溜り」がある。そしてそこからマグマがときどき上昇してきて噴火が起きるのである。一方で、マグマ溜りが冷えて固まると、花崗岩《かこうがん》や閃緑岩《せんりょくがん》とよばれる「深成岩《しんせいがん》」となって、地殻を厚く成長させるのである。火山帯と山地の場所が一致するのは、マグマの活動が同じ場所で繰り返し起こってきたために地殻が厚く成長し、その結果、アイソスタシーが働いて山地が形成されたことを示している。

そのほかにも、いまではもう火山の活動は終わったものの、かつてのマグマ活動で地殻が成長し、そのために山地となっている所がある。中国山地は数千万年前、四国山地や紀伊山地は一四〇〇万年前に起こった激しいマグマの活動の結果、地殻が厚くなったのだ。

つまり、日本列島の山地形成（造山運動）には、マグマが一役買っている。日本列島のようにプレートが沈み込む場所を「沈み込み帯」とよぶが、実は沈み込み帯は地球上で最も火山が密集する地域の一つなのである。

ここからマグマ学者の本領発揮といきたいところであるが、いかんせん、ちと酔いも回ってきた。姪っ子の方も、胃袋も脳みそも満杯のようである。日本列島に火山が集中するわけは、またの機会に話すことにしよう。

＊　＊

帰りは鴨川べりを四条まで歩いて、そこから阪急電車に乗った。何とも満ち足りた表情をしていた姪っ子だったが、大阪梅田に近づくと少し真顔になった。今晩の話をまとめるという。

日本列島の下にプレートが潜り込むためにマグマが発生する。マグマは火山活動を起こすと同時に地殻を厚く成長させ、島国にもかかわらず山国という特徴的な地形となった。このことが原因で列島の水は軟水となる。大昔からこの水とともに暮らしてきた日本人は、獣肉のスープよりも鰹と昆布の出汁のほうが美味しいことを見いだし、世界に誇る出汁文化を育んできた。

ほぼ満点である。

二月

寒鰤《かんぶり》

日本海誕生のヒミツ

氷見の鰤——日本海の至宝

その朝は、六甲の山並みもうっすらと雪化粧していた。大学へと続く坂を登って少し体が温まってきたころに、携帯電話が鳴った。生田神社近くの割烹からだった。大将の声がいつになく弾んでいる。なんでも、今年一番の氷見《ひみ》のブリ（鰤）が入ったのだという。さすがに今晩というのは気ぜわしいし、一〇キログラムからのブリは一日待った方が熟成して美味しいに決まっている。翌日に、姪っ子を誘って行くことにした。

神戸人でなければ、たいていの人は三宮が神戸市の中心街であることを知らない。神戸という駅もあることはあるのだが、にぎやかなのは圧倒的に三宮である。間もなく、阪急電車と阪神電車の駅名が、三宮から「神戸三宮」に変わるらしい。一二〇〇年以上も前からこのあたりは生田神社の社領であり、神戸《かんべ》がこの地の呼称になったそうだ。この由緒ある神社は、美人女優とお笑い芸人が挙式したことで話題になったこともある。こんな話をしながら阪急三宮駅から歩いていると、すぐに店に着いた。

最近では、寿司屋の親爺ですら混同していることがある。シマアジ、ヒラマサ、カンパチ、ハマチ(関東ではイナダ、ワラサ)、それにブリ。これらは、光りものの代表格であるアジと同類(スズキ目アジ科)ではあるが、寿司ネタとしては青ものである。光りもの(アジ、コハダ、サバ、サヨリなど)は、ていねいに酢と塩で締めて食すのがよい。一方で青ものは、絞めたあと丸一日熟成させることでうまさが引き立つ。したがってハマチの「活けづくり」などという代物は、死後硬直の歯ごたえで養殖魚の臭みを紛らわす「隠蔽工作」である。青もののなかでブリは特別だ。なぜかというと、ほかのものは夏がうまいのに対して、ブリは断然冬が旬なのである。それもそのはず。春に東シナ海から九州西方沖で生まれたブリの幼魚モジャコは対馬海流にのって北上し、夏から秋にはハマチに育ち、冬には立派なブリになる、いわゆる出世魚である。晩秋になると北海道沖から日本海を南下し始めるブリは、冬の北陸の名物ともいえる冬季雷とともに、富山・能登へやってくる。ブリ漁の始まりを知らせるこの雷は、「ブリ起こし」ともいわれている。富山湾の西側、能登半島のつけ根に位置する氷見は、この時期から寒ブリのメッカとなる。

ブリは、その名の由来が、アブラ(→ブラ→ブリ)だという説があるくらいだから、いかにも脂がのっている。しかし、どれほど技術が進歩したとはいえ、白っぽくてギトギトの脂をまとった養殖ものはご免こうむりたい。一方で、氷見の寒ブリの腹側、砂ずり(鶏とは違い、腹の下の膨らんだ脂肪層の部分)といわれる部位は、見事なまでに上質な脂の美味さがある。翻《ひるがえ》って赤みを帯びた背は、豊潤な香りがたまらない。さすがに大将は心得たもの、砂ずりと背を、やや大きめに切り付けて出してくれた。おろしたてのわさびを多めにのせて、「湯浅たまり」醤油に浸してから口に入れる。その瞬間わたしには、灰色の雲と白い波を立てる黒い日本海が見えてくる。至福の境地である。姪っ子はといえば、本マグロの大トロに勝るとも劣らないとか、こりこりしているとか、甘味があるとか……。まるでグルメリポーターだ。しかしよくもまあ、この濃厚な砂ずりを四切れも五切れも食べられるものだ。若いからなのか、それとも女子の本性のなせる業だろうか。

「日本海ってありがたいね！」と姪っ子はいう。これまでの記憶に残る日本海の幸はと尋ねると、秋田のハタハタ、新潟のサケ、能登の岩牡蠣《いわがき》、金沢のノドグロ、松江のアオリイカだという。なかなかやるものだ。わたしがこの歳のころは、間違いなく鯨飲馬食であった。

「ところで、日本海はどうしてできたの？」

あ、また始まったと思いながらも、ちょっと愉快だ。

氷見ブリの濃厚さに合わせるには、やはり富山の本醸造にかぎる。すっきりときれいな日本酒である。それでもなお、ちょっと箸休めがほしくなってきた。それほどブリのうま味は強烈なのである。ネタケースをのぞくと、鎮座するカニと目が合ってしまった。ブリとともに、冬の日本海の王様だ。新湊かと聞くと、津居山《つい やま》(兵庫県豊岡市)だとのこと。富山つながりとはいかなかったが、関西きってのブランドガニである。ショウガ汁を少々加えた二杯酢でいただく。割烹の大将というのは、たいがいは女子に親切である。ちょいと若けりゃなおさらだ。姪っ子には、先の尖った菜箸できれいに身を外して取り分けてやっている。

海と陸を分かつもの──海洋地殻と大陸地殻

さて、姪っ子の質問に答えなければならない。日本海の成り立ちである。そのために、ちょうど持ち合わせていたパソコンを開いて、日本列島周辺の海底地形図を見せることにした(図2-1)。この図は、海上保安庁海洋情報部の調査結果によるもので、インターネットでも見ることができる。一般の人たちは、海底というとなんだか真っ平らな印象をもっているらしく、姪っ子もその起伏の激しさに驚いている。そう、海の底には海溝やトラフとよばれる溝状の窪地や、海嶺《かいれい》と称する山脈が走っている。日本列島の周辺では、海溝やトラフはプレートの沈み込む所、海嶺は火山活動によってつくられたものである。また比較的平坦な西太平洋の深海底にも山(海山)が点在している。これらの海山は南太平洋で誕生した火山島を、太平洋プレートがベルトコンベアーよろしく列島近くにまで運んできたものであるのだが、このことはまた別の機会にゆっくり説明することにしよう。

さて日本海であるが、決して単純な一つの窪地ではない。その中央部には大和堆《やまとたい》とよばれる高まりがある。最も浅い所では水深二三六メートル、北側の日本海盆《かいぼん》からは三〇〇〇メートルを超えてそびえ立っている。そしてその周囲に、日本海盆、大和海盆、対馬海盆などの盆地が分布している。

ここでちょっと「海」と「陸」の違いをはっきりさせておかねばならない。こんなことをいうと、すぐに当然とばかりの顔で答えが返ってきた。

図 2-1　日本列島周辺の海底地形図．海上保安庁海洋情報部の原図に加筆．海の白い部分は浅く，黒い部分は深い．フィリピン海プレートと太平洋プレートは，それぞれ⇦の方向に動いている

「海水のある所が海で、海水面より上が陸でしょう！」

たいがいの読者諸氏もきっと同意見であろう。これはこれで間違いではないのだが、陸と海の境界は決して不変ではないことにご注意いただきたい。たとえば、氷河期には地球上の水の多くが氷床《ひょうしょう》となるために、海水面はいまよりはるかに低くなるはずである。実は地球という星では、これまで何度か地表から海水が完全に消え去ったこともあるのだ。全球凍結とよばれる大事件である。もしも海水の有無を海と陸の違いだとすると、全球凍結時代の地球は「水惑星」ではなく、「陸惑星」であったことになる。逆に温暖期には、地球

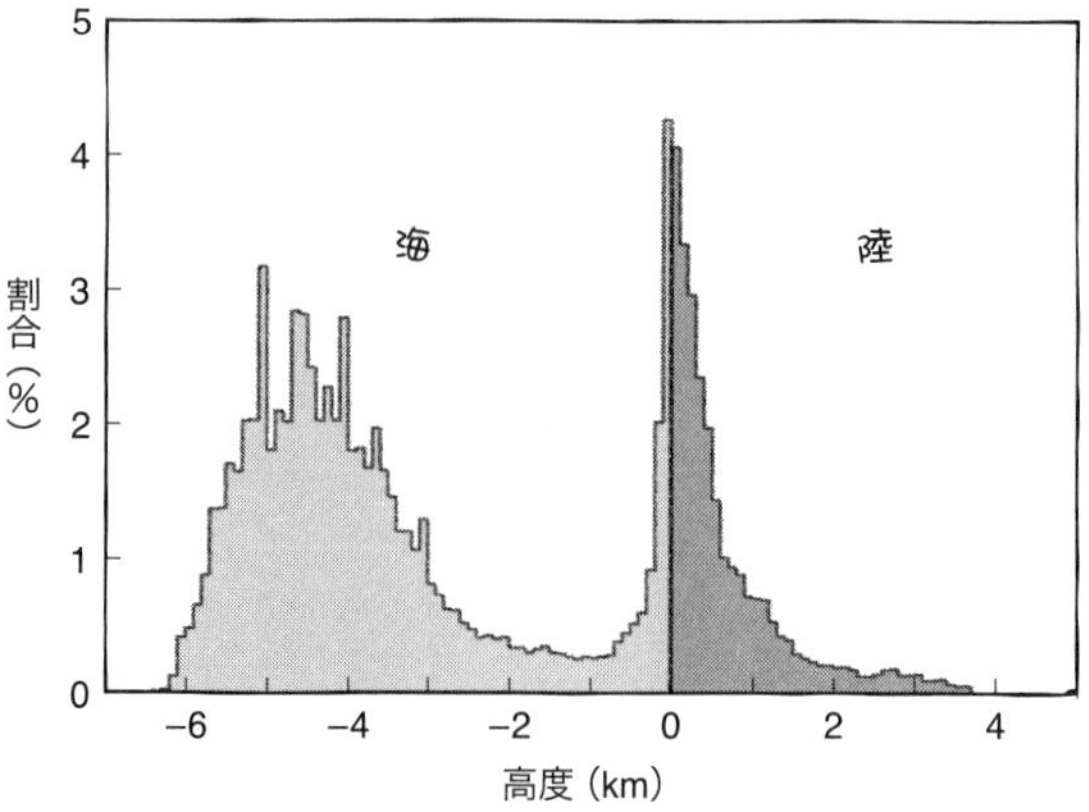

	海（海洋地殻）	陸（大陸地殻）
平均高度（m）	−3800	850
厚さ（km）	6	40
密度（kg/m³）	3000	2700
SiO_2含有量（質量%）	50	60

図 **2-2**　陸と海の違い

上から氷床が消滅するために、海水面は上昇する。たとえばいまから一二万年ほど前には、海水面が一〇メートルも高く、関東平野などの現在の日本列島の平野部の大部分は海であった。川崎から横浜には、下末吉《しもすえよし》台地《だいち》とよばれる標高数十メートルの台地が広がっている。この台地の平坦面は、かつての海岸べりでつくられたものである。

海と陸は、当然ながらその高さが違う。仮に高さの基準を海水面として、地球表面の高度分布をみると、明瞭な二つのピークが認められる。平均高度八五〇メートルの陸と、平均深度三八〇〇メートルの海である（図2－2）。当たり前のようだが地球では、高地が陸に、低地が海になっている。では、この高低差の原因は何だろうか？姪っ子の答えには笑ってしまった。地球は歳を重ねてメタボになったのだという。内臓脂肪型肥満のことをいっているのだろうが、じゃあ、地球にとっての脂肪は何、と聞くと、「う〜ん、マグマみたいなもの！」と答えた。これには驚いた。正鵠《せいこく》を射たとはいえないまでも、外れではない。

実は、海と陸（大陸）では、地下の地盤の性質が違っているのだ（図2‐2）。陸を構成する地殻は、二酸化ケイ素（SiO_2）成分が多く鉄分に乏しい。そのために密度が小さい、つまり軽いのである。さらに、海の地殻に比べて厚くなっている。先月話した「アイソスタシー」を思い出していただきたい。流体のマントルに浮かぶ地殻、それが軽くて分厚いと、浮き出る部分は盛り上がるのである。これが、陸が海に比べて高地となっている原因である。軽い物質が盛り上がった所が陸、ある意味で脂肪を蓄えたぽっこりお腹なのである。

ではどのようにして、こんなに性質の違う二種類の地殻がつくられるのだろうか。簡単に答えだけをいってしまうと、誕生する場所、そしてそのメカニズムが違うのだ。大陸地殻は、プレートが沈み込む所（沈み込み帯）で、沈み込むプレートからいろんな成分が付け加わってできたマグマがその起源であるのに対して、海洋地殻は、海嶺とよばれるプレートの割れ目めがけて上がってくるマントルが融けたものである。

さて、このような陸と海についての地盤の性質の違いを頭におきながら、もう一度日本海の海底地形をながめてみよう。日本海ではこれまでに、いろんな観測や海底をつくる岩石の採取が行われて、地盤の性質が明らかになっている。その結果をみると、日本海の中で海盆とよばれる深い場所では、太平洋などの正真正銘の海と同じような地盤、つまり海洋地殻が存在している。一方で、大和堆は大陸的な地殻からなっているのだ。海水の有無という点からみると当然ながら日本海は海なのであるが、地盤の特性では、小さな大陸、または大陸の破片が散らばった海というべきなのだ。

「日本海の中に沈んだ大陸があるの？　まるで、プラトンのいうところのアトランティス大陸みたいね」

あ、そっちの方へ話をもっていくのか？　低レベルなテレビ番組の影響を受けているのかと思ったのは、わたしの早とちりであった。

「最近、叔父さんが前にいた海洋なんとか研究所（独立行政法人海洋研究開発機構、通称ＪＡＭＳＴＥＣ《ジャムステック》である）が、ブラジル沖の大西洋の真ん中で沈んだ「大陸」を見つけて、アトランティス大陸かもしれないって、話題になったよねぇ。でもあれは、大西洋が大きくなるときに南米とアフリカが割れた破片だって説明してたわよ。そうなの？」

まったくそのとおり。

「じゃあ、日本海も大西洋と同じように広がってできたってこと？」

恐れ入谷の鬼子母神、とはこのことである。

アジア大陸が裂けて生まれた日本海

みなさん、「大陸移動説」という学説はご存知であろうか。ドイツの地球物理学者アルフレッド・ウェゲナーが一九一二年に学会と論文で発表し、一九一五年に著書で展開したものである。きっかけは、大西洋を隔てた南米大陸とアフリカ大陸の形が相補的であること、すなわちジグソーパズルのように、凸と凹が合致することであった。ただ、このことに気づいた人はそれまでにも多くいたといわれている。イギリスの哲学者フランシス・ベーコンもその一人だという。しかしウェゲナーが偉大であったのは、両大陸の地層や岩石、生物、それに氷床や砂漠の分布などを丹念に調べ上げて、これらの分布も両大陸を合体するとうまく説明できることを示したことである。ただ残念なことに、あまりにも衝撃的だったこの説は、当時は大陸移動の原動力が不明であったこと、そして何より提唱者の不慮の死によって、人びとの脳裏から消え去ったのである。しかし数十年後に、大西洋の海底調査や大陸をつくる岩石が記録する磁極の方向などのデータがそろってくると、プレートテクトニクスとして見事に復活した。大陸移動説は、地球科学における「パラダイムシフト」の先駆けとなったのである。

「パラダイムシフトねぇ。まるでガリレオの地動説みたい、かっこいい！」

確かに大陸移動説は地動説にも匹敵する革命ではあるが、地動説を唱えたのはニコラウス・コペルニクスである。

日本では、かの寺田寅彦が大陸移動説に強い興味を示した。ウェゲナーが論文を発表した数年後には、日本の学会や談話会で大陸移動説を紹介したようだ。そして、寺田は一九二七年に、「日本海沿岸の島列に就《つい》て」（原文英文）という論文を発表した。彼は、日本海側には大小の島々が列島に沿って配列しているのに対して、太平洋側にはそのような島列は存在しないことに着目した。そしてウェゲナーの大陸移動説を引きながら、日本海の島々は、日本列島がアジア大陸から太平洋側に移動した際に取り残された破片だと主張したのである。さらには、マントルに見立てた水飴の上に片栗粉(日本列島)を浮かべた実験を行い、水飴を動かすと(マントルが対流すると)片栗粉の一部はあたかも日本海に浮かぶ島のような列をなすことを示した。また、日本海の小島と列島の距離を測量し、この説を実証するプロジェクトも立ち上げている。残念ながら仮説の実証にはいたらなかったし、いまでこそ日本海の島々も日本列島の破片とはいえないこともわかってはいるが、寺田が単なる紹介者ではなく、一流のサイエンティストであったことを示す行動である。

さて、日本列島漂移説または日本海拡大説は、大陸移動説がそうであったように、古地磁気学とよばれる分野の研究によって、半世紀を経て完全復活する。古地磁気学というのは、岩石に記録された微弱な磁気の特性を調べて、過去の磁極の位置や地球磁場の強さを推定する学問である。その原理は次のようだ。

マグマが冷え固まってできる火成岩の中には、磁石の性質をもつ鉱物(たとえば磁鉄鉱)が含まれる。この鉱物は、数百度より低温になると磁石としての特性を示すようになる。したがって、マグマが冷却する過程で、岩石はそのときの地球磁場のようすを記録するのだ。このような古地磁気学研究の中心の一つであった京都大学では一九八〇年ごろに、日本列島のいろんな時代の岩石の磁化をくわしく調べるプロジェクトを行っていた。その結果、おおよそ一五〇〇万年前より新しい時代にできた岩石は現在と同じように北向きの磁場を記録しているが、それ以前のものは、西南日本では時計回り、東北日本では反時計回りに振った方向を記録していることがわかった（図２－３）。このような一見不思議なデータは、次のようなシナリオを考えるとうまく説明することができる。

日本列島はかつて、アジア大陸の一部であった。このころの日本列島では、北向きに磁化した岩石が火山活動でつくられていた。しかし、ある時期に日本列島が大陸から分離して太平洋側へ移動し、この過程で一五〇〇万年前に西南日本は時計回りに、東北日本は反時計回りに回転した。

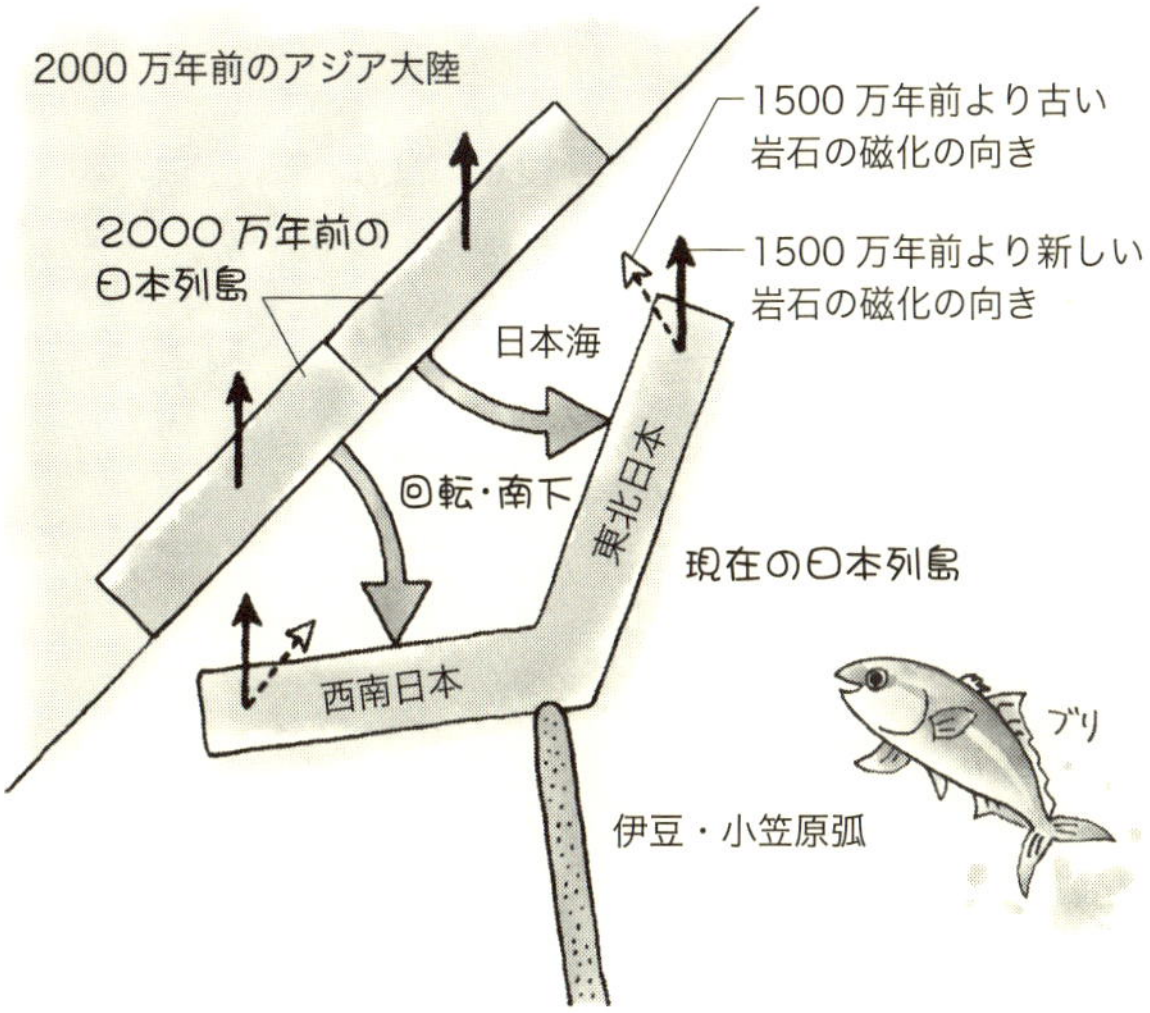

図 2-3　古地磁気から推測される日本列島の回転と日本海形成のシナリオ

分裂時に新しくできた重い海洋地殻は深い海盆となり、大陸地殻の破片は、大和堆などの高まりを形づくっているのである。しかも、大和堆がジグソーパズルのようにちょうど納まる凹地が、ロシアと北朝鮮の境あたりに存在している。日本海の海洋地殻が誕生した年代や、現在アジア大陸東縁付近に分布している火山活動様式の時代変化などを考慮すると、分裂が始まったのは約二〇〇〇万年前ごろである。

日本海は、太平洋や大西洋に比べるとはるかに小さい。しかし、姪っ子の明察の通り、巨大な大陸が分裂して移動することで大洋が誕生したのと同じように、日本海も日本列島がアジア大陸から分離することで生まれたのである。

ブリをはじめとして、豊かな海の恵みをわたしたち日本人に与えてくれる日本海が、こんな天変地異によって誕生したことに、姪っ子は相当驚いたようである。

「日本列島が大陸から離れていった速さはどれくらい？」

速いところでは一〇〇万年で一〇〇〇キロメートル移動したのだから、一年あたり一メートル、一日あたり三ミリメートルくらいだ。

「意外と大したことはないのね〜」

そんなことはない！　このような大地殻変動は、毎日ゆるやかに進行してゆくのではない。地盤にたまった歪みがそのときどきに断層運動と地震として解放されて、大地が急激に引き裂かれるのである。一五〇〇万年前の日本列島では、超巨大地震が頻発し、そのたびに列島と大陸は離れていったことが想像できる。

「当時の人たちは大変だったのね！」

幸いにも、一五〇〇万年前にはまだ、人類は地球上に現れていなかったが。

日本海拡大の原因

たいがいの人ならば、このあたりで「地球は生きているのね！」とか何とかいって、納得というより飽きてしまうのだが、姪っ子はそうはいかないようだ。いま風にいうとリケジョであったわが姉と、エンジニアの義兄のＤＮＡを受け継いでいるのか、なんのためらいもなく当然のように次のステージに突入する。

「アジア大陸が分裂して日本列島が移動したのはマントル対流のせい？」

そもそも対流とは、放射や伝導のように、熱を運ぶメカニズムの一つである。地球の中心は五〇〇〇度を超す高温であるのにもかかわらず、表面はほぼ一五度であるために、地球内部からさかんに熱が運ばれてくる。これをになっているのがマントル対流である。あったためているみそ汁と同じように、熱せられて軽くなった物質が上昇し、逆に冷たい物質が落っこちていく。一方で、温度のせいというよりも、もともと軽い物質が上昇して、そのためにそのあたり全体が対流することもある。実はこの二種類の対流のどちらが働いているのかはまだよくわからないのであるが、いずれにしてもマントルの上昇流が日本海拡大の原動力であったのではないかとわたしは考えている。

図２-４をご覧いただこう。これがわたしたちの「仮説」である。沈み込み帯では、海洋プレートが上盤プレート（日本列島の場合は大陸プレート）の下へ潜り込んでいる（図２-４）。これらの二つのプレートではさまれた部分をマントルウェッジとよぶ。ウェッジとはＶ字形をした楔《くさび》のことである。粘っこいマントルは海洋プレートが入り込むことによってずるずると引きずり込まれ、その結果、

マントルウェッジ中には図に示すようなマントルの流れが発生する。ただ、ウェッジの先端付近は温度が低くて硬いために、ほとんど流れが生じない。また、沈み込みに伴って水などの成分が海洋プレートからマントルウェッジへと吐き出されて、その結果火山活動が起こっている。

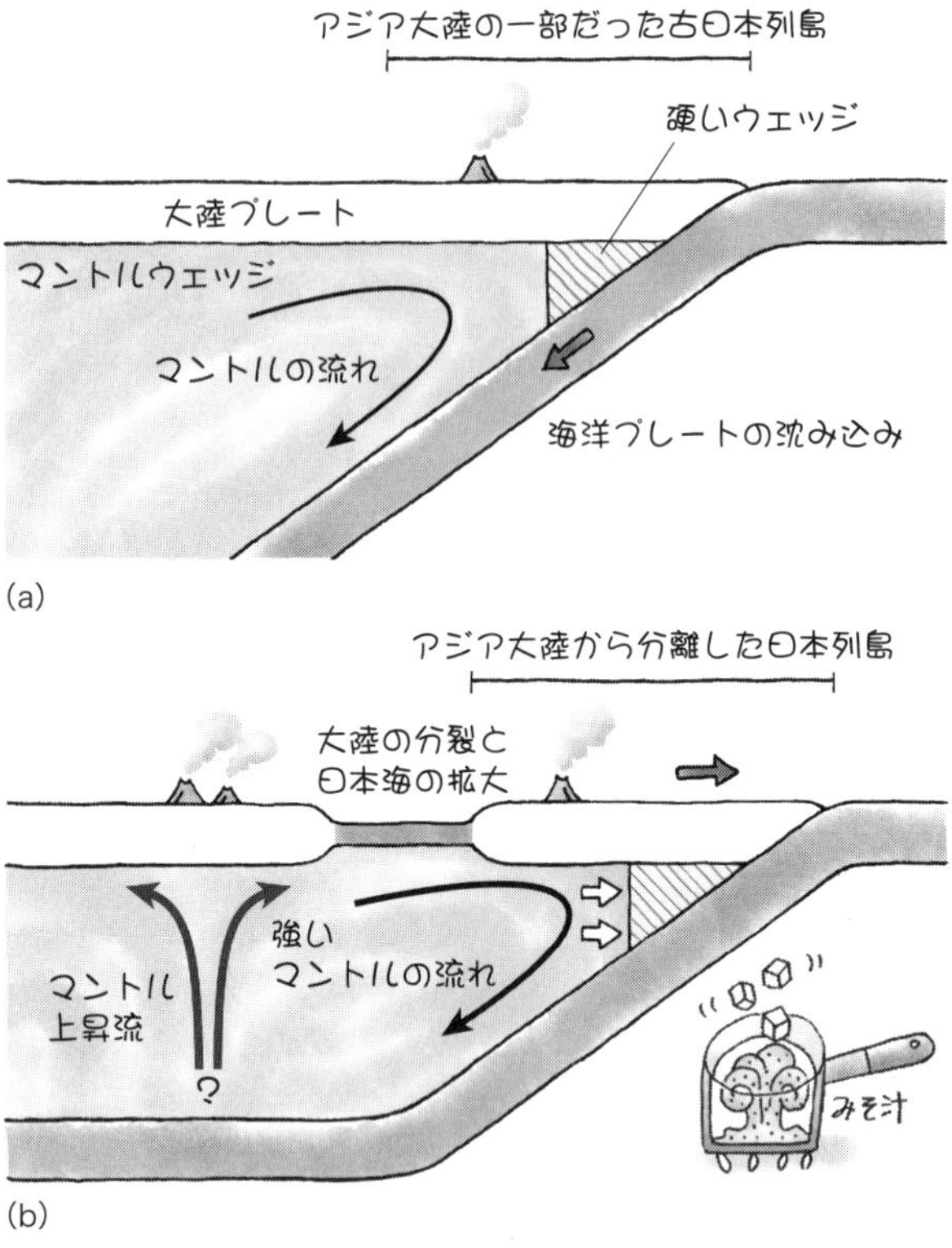

図 **2-4**　日本海拡大のシナリオ．⇨で示すように，硬いウェッジがマントルの流れに押されて日本列島が大陸から分離する

　ここで注目したいのは、アジア大陸の東縁が分裂し始める少し前に、大陸の内部で活発な火山活動が起こっていたことである。そしてこの火山活動は、通常の沈み込み帯の火山活動とは異なり、深いところにあるマントルが上昇してきて発生するマグマの特徴を示すのである。つまり、分裂前のアジア大陸の下に、なんらかの原因でマントル上昇流が発生していたと考えられる。このような上昇流が大陸プレートの底にぶつかると、周囲のマントルへと広がっていくはずだ。そして、この流れがマントルウェッジの中にそれまでよりも強い流れをつくると考えられる。こうなると、硬いウェッジの部分が強く押されることになり、大陸プレートの弱い部分が破断して、日本列島が海側（図2－4bでは右側）へと移動して、その結果日本海が生まれたのだ。

　おおよそ一五〇〇万年前に誕生した日本海は、その後氷期になると巨大な湖になっていたこともある。最近の研究では、対馬海峡が開いて暖流が流れ込むようになったのは約一七〇〇万年前のことだといわれている。こうしていま、わたしたちは南シナ海から回遊してくるブリを堪能できるようになったのである。ありがたいことだ。

＊　＊

　今夜の締めはブリしゃぶである。しゃぶしゃぶと泳がせては火が通り過ぎるので、しゃぶ、程度で引き上げ、おろしポン酢でいただく。うっすらと昆布の香りをまとったブリの甘味と柚の酸味が完璧に調和する。旬の壬生菜もシャキシャキしている。箸が進んで仕方がないが、大いなる自制心をもって、ブリご飯を一膳だけにして昇天である。

「寒ブリは、日本列島誕生のドラマを内に秘めてるのねぇ。そりゃあ美味しいはずだわ！」阪急三宮のプラットホームで妙な感想を述べていた姪っ子は、はっと気づいたようにいった。「ねえ、猛スピードで日本列島がアジアから離れたから、大陸の破片が日本海に散らばって残されたのでしょう？　そんなスピードで動いたら、日本列島自体にも、地震のほかにも途轍《とてつ》もないことが起こらなかったの？　モーターボートが走るときって、すごく波しぶきが上がるし、ドンドン揺れるじゃない！」

まあまあ、焦りなさんな！　そのときの列島の大異変はまたゆっくり話をしてあげるから。わたしの下車駅である六甲までは、たったの三駅。一〇分もかからない。

三月 ボタンエビ――大きくなる日本列島

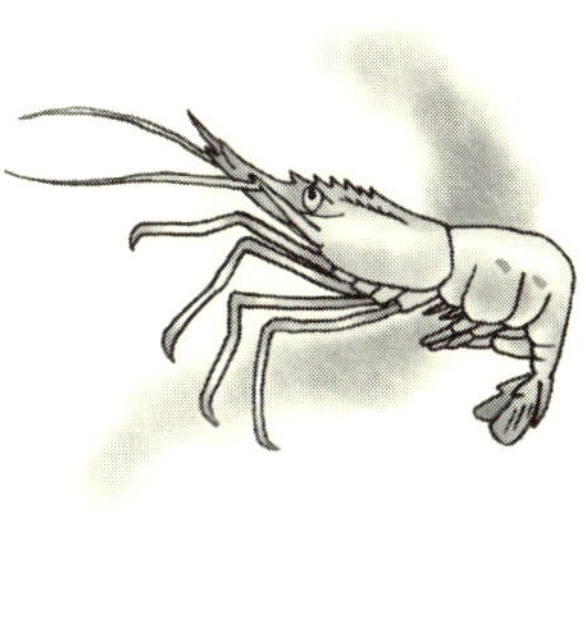

ほんまもんのボタンエビ?

なんだか、月に一度の姪っ子との食べ歩きが楽しみになってきた自分が、ちょっと可愛く思える。三月といえば、北陸のカニ漁もそろそろ終わり、代わりにボタンエビが揚がってくるころだ。ところで、エビの王様は何かと尋ねられたら、伊勢エビと答える人が多いのではなかろうか? ロブスターやオマールとよばれるザリガニの仲間ではなく、はさみをもたないこのエビは確かにうまい。しかし、二〇年ほど前にオーストラリアのタスマニア島に暮らしていたことがあるわたしは、そのときに立派な伊勢エビを一生分食べてしまった。ちなみに、日本が輸入する伊勢エビの多くは、この島から生きたまま運ばれてくる。

そのほかのエビではなんといってもクルマエビがよい。無粋にもあえて科学的な表現をすれば、うま味成分のグルタミン酸、甘味成分のグリシン(アミノ酸)の宝庫であるこのエビは、当たり前に調理すればまずいわけがないのである。なかでも、ちょっとかわいそうな気もするが、「踊り」で食すクルマエビの食感と香りはたいへん結構である。ただわたしは、身の真ん中がわずかに生の状態に仕上げられた踊りの天ぷらの方が、甘味が立って好みである。同じように、注文してから生きたエビをさっと湯がいて、まだ温かいうちに出される握りもよい。どんなにていねいに仕込みをしても、いったん冷えてしまうとせっかくのクルマエビも甘味が落ちて台なしである。だから、いくら高級であっても、ネタケースに鮮やかな色のエビを並べている寿司屋は信用しない。

まともなクルマエビを出すことをあきらめた寿司屋が多くなったのと比例するかのように、最近では甘エビたちが主役に躍り出たようにも見える。生でいただくと、個性的な甘味が口の中ではじけるこのエビには、シマエビとボタンエビという仲間がいる。いずれもクルマエビと違って、数百メートルくらいの比較的深い海に暮らしている。なかでも、富山湾や北陸沖のボタンエビは、甘味に続いて濃厚なうま味が追いかけてくる。金沢の料亭で聞いた話によると、ボタンエビは年中うまいけれども、カニ漁を終えた漁師さんが気合いを入れてすくい上げたものが一番らしい。この話を思い出して、大阪北新地の寿司屋の大将に電話をしてみた。この大将は能登の出身だから、ボタンエビにもくわしいはずだ。もちろん、ちゃんとした温かいクルマエビも握ってくれる。

「じゃあ、ほんまもんのボタンエビを入れときます」

この言葉の意味がわかったのは、姪っ子と並んでカウンターに座ってからであった。

ボタンエビと富山エビ

解禁になったばかりのホタルイカの浜ゆでをつまみながら、富山湾の話をしていた。能登半島と日本アルプスの間のこの湾は、伊豆半島の両側にある相模湾、駿河湾とともに、日本三深海湾といわれている。富山湾のホタルイカは、昼間は深海底に暮らすが、夜になると餌を追っかけて海面まで上がってくる。ボタンエビも同じように深海湾ならではのエビで、ほかの産地より圧倒的にうまいのだ。

そのとき、二種類のエビがお出ましになった。どちらも二〇センチメートル近くはあろうか、立派である。片方はやや頭でっかちで赤みを帯びて、鮮やかな褐色の縞がある。これは富山湾のボタンエビに違いない。もう一方はといえば、やや色が薄い。ちょっとくすんだオレンジ色とでもいおうか。見たこともないエビだ。鮮やかな方を頬張った姪っ子。

「甘エビより甘い〜。濃厚な美味しさ！」

当たり前だ。「さすが富山湾やね」というわたしに、大将はにこにこしている。

次に地味な方をいただく。先のエビに勝るとも劣らぬ甘さが広がる。その直後、わたしは仰天してしまった。なんと、うま味がいつまでも余韻となって残るではないか！　脳天杭打ち状態のわたし。姪っ子も眼を丸くしている。そんなわたしたちに大将は、「富山エビも美味しいですけどボタンエビは格別でしょう」という。そうか、これが「ほんまもんのボタンエビ」だったのか……。大将によると、魚市場でボタンエビとして売られているのはほとんどが富山エビらしい。「ほんまもんのボタンエビ」は、駿河湾や相模湾でわずかしか水揚げされないという。面目丸つぶれである。

そんなわたしを気遣ったのかどうかはわからないが、姪っ子は地球ネタに話を振ってきた。

「正真正銘のボタンエビが暮らす駿河湾って、そんなに深いの？」

確かに駿河湾は深い。その平均水深は約五〇〇メートル、最深部は二五〇〇メートルに達し、日本列島の湾のなかでは断然深い。海岸からわずか二キロメートルの所で水深が五〇〇メートルを超えるという深海湾である。実は駿河湾の深さにはもう一つ驚くことがある。それは、わずか数十キロメートル東に位置する伊豆半島の最高峰、天城山との間の三〇〇〇メートルにもおよぶ高度差である。この勾配は、松本市から北アルプスの三〇〇〇メートル級の山々との間よりも急なのだ。いかに駿河湾から伊豆半島にかけてが、地殻変動のさかんな所であるかを物語る地形である。標高一四〇六メートルの天城山は、本州から南へ突き出した半島の最高峰で、南から湿った風がこの山に当たるために雨が多い。平均年降水量は四二〇〇ミリメートルを超える。これは、多雨地として有名な屋久島とほとんど変わらない量である。

こんなことを話していると、旬となった九州のアオリイカの刺身の横に添えられたわさびが眼に入った。もちろんボタンエビもそうだが、イカの甘味とわさびの辛さの競演はすばらしい。かの魯山人は、わさびは「最も調子の高い味の素」と評した。日本原産のわさびは、何といってもおろしたてでないといけない。さらにいえば、金ものよりも鮫皮でおろした方が風味に優れる。スーパーで粉わさびや練ものを売っているが、これらは西洋わさびを使ったまがいものである。こんなものと合わせるのは、日本の食材に失礼というものだ。そういえば、伊豆半島、とくに天城山麓は日本有数のわさびの山地である。高地で夏でも冷涼であること、それに先にも述べた多雨地帯であり水が豊富にあることが、わさびの生育に適しているのである。

「駿河湾では、こんな白身も揚がるんです」と、握りを出してくれた。大将がそういうのだから、きっとこれまで出会ったこともないものに違いない。脂がのっているらしく白濁している。メダイの類いかと思いながら口に運ぶと、なんとまあ、まったりとした甘さが口いっぱいに広がる。寿司飯によく合う。聞けばヒウチダイやアブラゴソとよばれる魚で、駿河湾の底あたりに生息するそうだ。

「駿河湾さまさまね！　でも、なぜ湾なのに、そんなに深いわけ？　それに、すぐ傍に高い伊豆半島があるのも不思議な気がする」

はいはい、お答えしましょう。

伊豆半島の衝突と南海トラフのわん曲

駿河湾が深い理由を一言でいえば、海溝、ここでは南海トラフが湾内へ入り込んでいるからである。先月の図2－1を思い出していただこう。南海トラフはフィリピン海プレートが沈み込むことでつくられる。四国から紀伊半島にかけての沖では西南西から東北東方向に延びているが、その先で北方向へ向きを変えている。まるで、伊豆半島やその南へ続く「伊豆・小笠原弧」を避けるかのように海溝がゆがんでいるのである。ここで、「弧」という語を用いたが、これは、プレートの沈

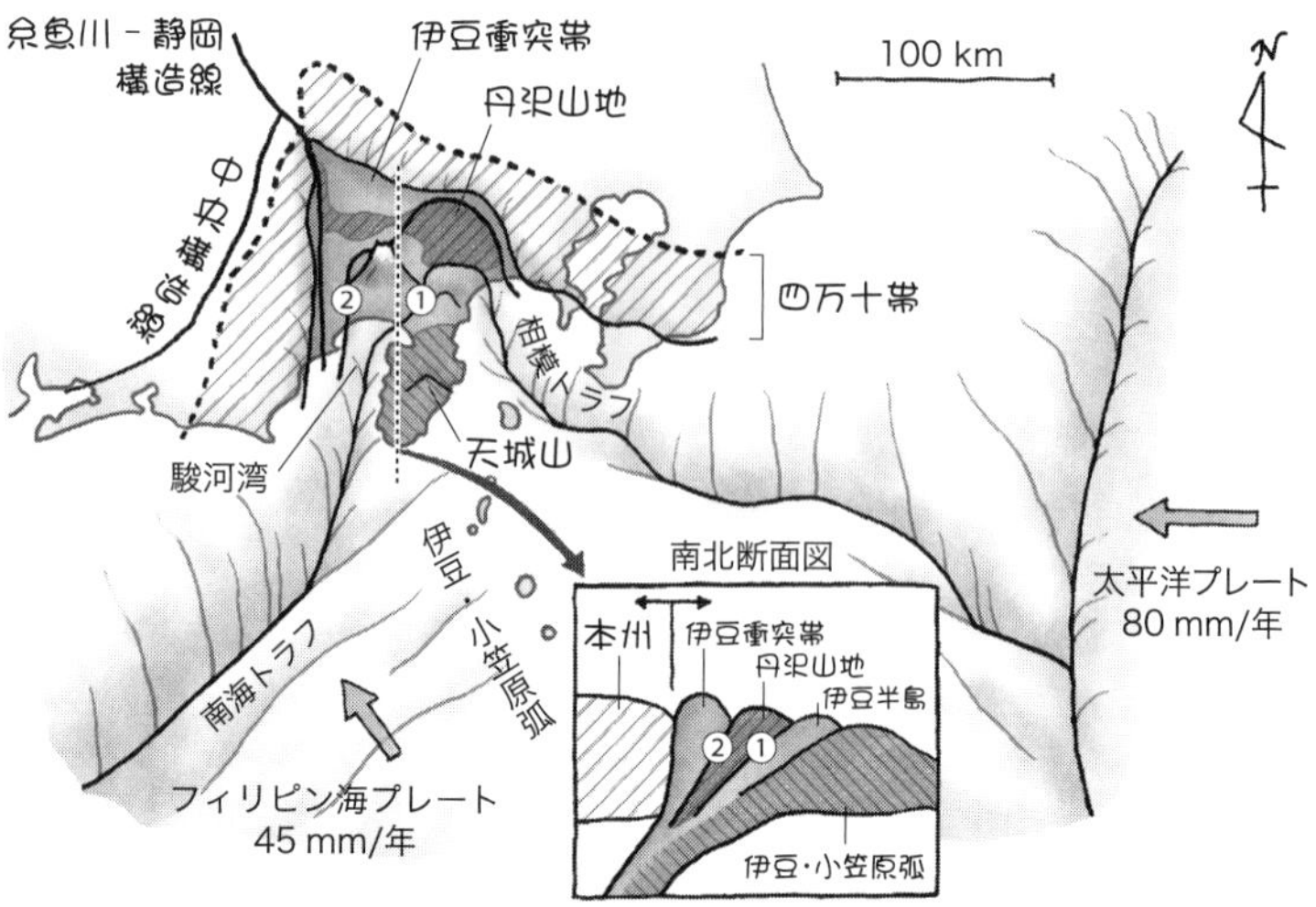

図 3-1　伊豆衝突帯．①は神縄断層・国府津－松田断層，②は入山断層・藤野木－愛川断層

み込みによってつくられる、地震活動・火山活動などが集中する変動域のことである。地球が丸いために、その表面をおおうプレートが沈み込むと、弧状(弓なり)の海溝や変動域がつくられるのでそうよばれる。

　ところで、伊豆半島・駿河湾周辺地域でわん曲しているのは、南海トラフだけでない。列島最大級の断層である中央構造線や、九州から関東地方まで延々と続く四万十帯とよばれる地質帯も同様に変形しているのである(図3－1)。

「まるで、伊豆半島が本州に突き刺さっているようね！」

　この図を見た姪っ子の言葉は、なかなか的を射ている。そう、「伊豆衝突帯」とよばれるこのあたりは、もともと本州の南方にあった伊豆・小笠原弧が、本州へと衝突して食い込んだ所である。その結果、南海トラフや本州の地層や断層がわん曲しているのである。

「ああ、これが前に叔父さんが話していた、インド大陸とユーラシア大陸が衝突してヒマラヤが高くなる、って奴のミニチュア版ね！」

感心、感心。よく覚えている！

「その伊豆の衝突って、どれくらい前に起こったことなの？　いまでも続いているの？」

実はこの衝突事件は、日本海の誕生と日本列島の回転や折れ曲がりと深い関連があるのだ。いま一度、図2-3を見ていただこう。さかのぼること一五〇〇万年前、西南日本がアジア大陸から分裂して回転しながら南下した。その先に、ちょうど伊豆・小笠原弧が位置していたために、衝突が始まったのである。その後はフィリピン海プレートの北上に伴ってどんどん衝突が進行し、その結果丹沢山地などがそびえ立ったのだ(図3-1)。

「へえ、そうなの！　先月三宮で聞いた話とつながるのね」

その通り。この衝突事件は、疾走するモーターボート西南日本号の前面で起こったのである。伊豆半島そのものが本州に突き刺さったのは、おおよそ六〇万年前だといわれている。そして、もちろんこの衝突は現在も続いている。そのためにこの地域には、図3-1に示すような活断層帯(①神縄断層・国府津-松田断層、②入山断層・藤野木-愛川断層)が密集しているのだ。そしてこの①の断層ゾーンこそがわん曲した南海トラフの延長なのである。

「ねえねえ、フィリピン海プレートって、南海トラフから沈み込んでるんでしょう？　これが原因で巨大地震が起こるのよねぇ。じゃあ、なぜ伊豆半島、それになんだっけ、伊豆・小笠原弧？こいつらは本州の下に潜り込まなかったの？」

「一流ホテルのコンシェルジュ」が「こいつら」などとはしたない言葉づかいをするものではないと、説教の一つもしたかったが、並の理系大学生からはついぞ聞かなくなった論理的な質問に免じて許すことにした。伊豆半島が南海トラフから地球内部へ沈み込むことなく、本州に衝突した理由は簡単である。フィリピン海プレートの上で、大きく盛り上がった突起物のような存在であったからだ。

「盛り上がり？　それって前にいってたアイソスタシーのせい？　てことは、海の中にメタボな陸があるってことなの？」

ひょっとしたら、この娘はわたしの論文や著書をすべて読んで予習してきているのではないか、と思いたくなるような発言である。

海で生まれる大陸

前に話したように、大陸と海では地殻の性質が異なっている（図2－2）。大陸をつくる岩石は二酸化ケイ素量が六〇％程度、火山から吹き出る溶岩（火山岩）の名前を使うと、「安山岩」とよばれるものだ。安山岩は、英語で andesite というが、これは南米アンデス山脈を特徴づける岩石、いわば「アンデス岩」という意味である。アンデスのアンを安とし、山脈を山として略して安山岩という日本語訳になったといわれている。明治時代の初めごろは、「富士岩」という語も用いられていたが、富士山の溶岩は典型的なandesiteに比べて黒っぽく、二酸化ケイ素にも乏しいのでこの名は使われなくなった。

さてこの安山岩は、その名の由来にもなったアンデス山脈のように、海域のプレートが大陸地殻を含むプレート（大陸プレート）の下に潜り込む所（「大陸弧」とよばれる）の火山で噴出する。日本列島はいまでこそ海に囲まれているが、先月も話したように二〇〇〇万年より前はアジア大陸の一部であったので、列島の地殻も大陸的である。したがって、日本の火山でも主に安山岩質の溶岩を流す。一方で、正真正銘の海域の沈み込み帯、たとえば伊豆・小笠原弧では、玄武岩質の溶岩が多く見られる。伊豆大島三原山を訪ねると、大砂漠とよばれるカルデラの底付近の平坦な地面や、三原山そのものも真っ黒な玄武岩でできている。このような事情から、大陸をつくる安山岩はプレートの沈み込み帯、なかでも大陸弧でつくられていると、学者たちは考えてきたのである。

「あれ、なんかおかしいんじゃあない？」

姪っ子のツッコミが入った。

「大陸をつくるには大陸が必要だってことでしょう？　じゃあ、一等最初の大陸地殻はどうして生まれたのよ！」

おっ、よく矛盾に気がついたものだ。

「叔父さん、萩原朔太郎って知ってるでしょう？」

もちろんである。

「彼の詩にね、「死なない蛸」っていうのがあるの。自らの足を食らう蛸の運命は？　というのがテーマなんだけど、決して育たないわよね！　この話といまの大陸の成長は同じよね！」

そう、姪っ子のいう通り、これまでの大陸形成論には大きな欠陥があったのだ。そもそも地球には存在しなかった大陸地殻が、どこでどのようにして誕生したのか説明できなかったのである。この難問に答えたのが、わたしたちが提唱している「大陸は海で誕生する」という説である。わたしが京都大学からJAMSTECに移った二〇〇一年から、伊豆・小笠原そしてさらに南に延びるマリアナ諸島で、世界でも例を見ない大規模なプロジェクトが始まった。この海域で、人工的に地震を起こす装置や海底地震計を用いて海底下の地下構造を明らかにするという調査だった。この国家的プロジェクトの目的は、日本列島がどこまで続いているのか、すなわち、日本国の領土・領海を主張するために必要な科学的なデータを得ることであった。もちろんこの目的は完全に達成されたのであるが、さらにこの調査では、世界の学者を仰天させるような科学的な結果も得られた。その一部を図３－２に示そう。

ところで「モホ面」をご存知であろうか。現在のクロアチア共和国生まれの地震学者アンドリア・モホロビチッチが二〇世紀初頭に発見したことにちなんで名づけられたもので、地殻とマントルの境界をなす面のことである。伊豆半島からマリアナ諸島にかけて、その下にも立派なモホ面が観測される。そして、地震波の伝わる速さ、言い換えればその部分をつくる岩石の性質によって、

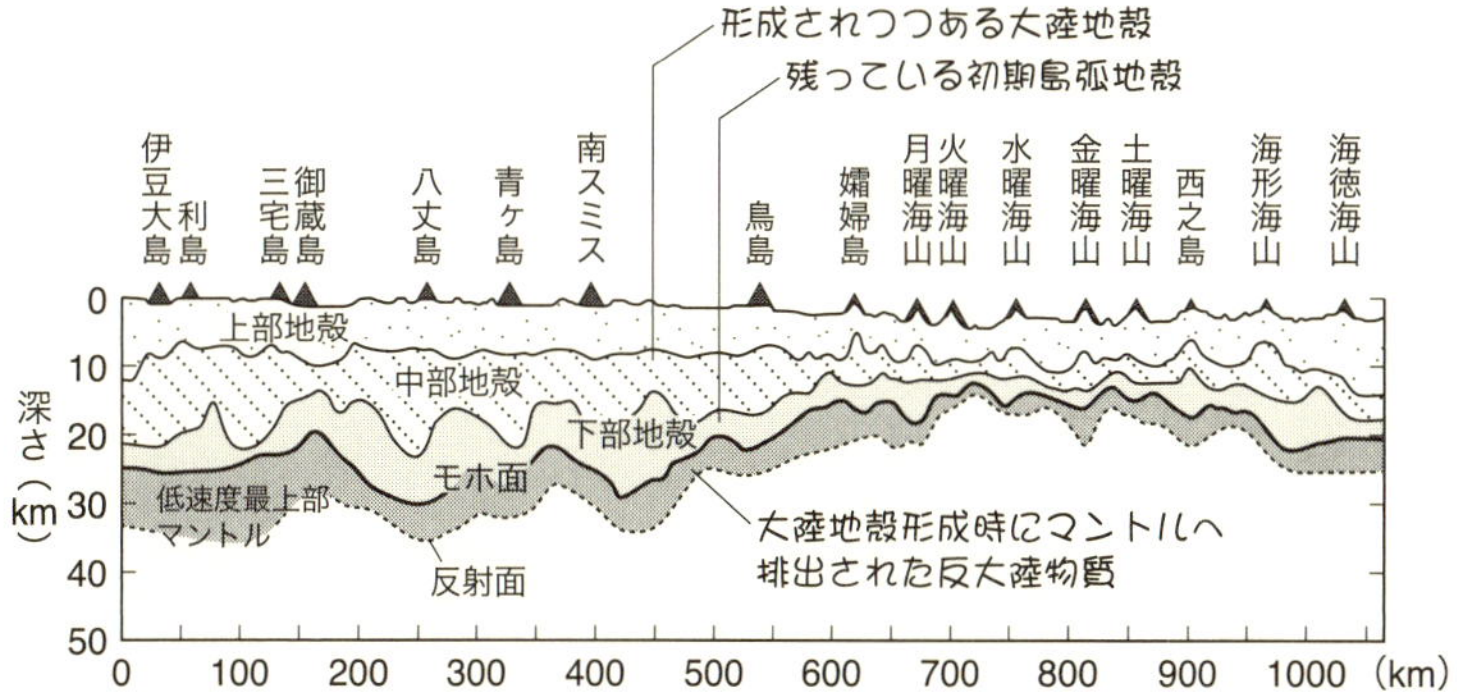

図 3-2 伊豆・小笠原弧の地下構造．マグマの活動で，大陸と反大陸が海でつくられている

地殻にはさらに三層を、そしてモホ面直下にやや速度の遅いマントルの層を識別することができる(図3-2)。驚きの発見の一つは、地殻の真ん中、中部地殻とよばれる層の特徴であった。この層の特性が、大陸地殻と瓜二つだったのだ。なんと、海の中に延々と大陸地殻が存在していたのである。

わたしたちはこのような奇妙な地下構造を説明するために、ほかの観測データや海底から採取した岩石の特徴、それに実験の結果などを総動員した。その結果次のようなことが起こったのだと考えている。まずいまから五〇〇〇万年前に、日本列島のはるか南方の海域で始まったプレートの沈み込みによって、玄武岩質の「初期島弧地殻」が誕生した。その後も続いたマグマ活動でこの初期地殻が融けて、安山岩質の大陸地殻(中部地殻)と、その残りかすに相当する「反大陸」に分離した。式で書くと次のような反応が起きたと考える。

初期島弧地殻→大陸地殻+反大陸物質

このような作用が続くと、やがて初期島弧地殻はすべて消費されて、安山岩質の大陸地殻へと成長する。図3-2をよくご覧いただきたい。伊豆大島から鳥島にかけての現在の活動的な火山の地下では、中部地殻が分厚くなっている、すなわち大陸地殻が成長しつつあるのだ。もちろん、反大陸物質も同時につくられるのだが、この物質は鉄分が多いために普通のマントルより重い。したがって、時間が経てばマントルの底めがけて落ちていく運命にあるのだ。

「へえ〜、わりと単純な説なんだ。反大陸って、反物質みたいでカッコいい名前ね。叔父さんにしては上出来じゃあない！」

反物質なんてものを知っているとは……。まあ、とりあえずはありがとう、といっておこう。

「ところで、その反大陸、重いから落っこちてしまうということはわかるけど、まるで廃棄物みたいに地球の中に不法投棄されちゃうの？」

いいや、地球はもっとエコでダイナミックだ。実は、反大陸物質はマントルの底で何億年も熟成されて、それからまた地表めがけて上昇して、タヒチ諸島やハワイ等の火山へと「リサイクル」されるのである。しかし今夜は、そのことを話している余裕はない。

「アインシュタインの予言もついに実験で実証されたっていうじゃない。異説も実証されるときが来るの？」

偉大な物理学者と並べていただけるとは光栄のきわみである。そう、わたしたちの大陸誕生説の真偽を確かめるために、大プロジェクトが進行中である。日本が世界に誇る掘削船「ちきゅう」を使って、伊豆諸島の海域で海底下数キロメートルにもおよぶ超深度掘削を行うというものだ。海底下数キロメートルにある中部地殻から、白っぽい安山岩のような岩石が採れれば、わたしたちの説は実証される。

「もし、黒っぽい石しか採れなかったらどうなるの？　たくさんのお金を使って、予想が外れでもしたら切腹もの？」

姪っ子はちょっと心配顔である。でもきっと大丈夫。サイエンスとはそんなものだ。仮説が間違っていたとわかることも、とても重要なのである。そのときにはまた頭を使って考えて、新説をつくり上げればよい。

日本列島は大きくなる

さて、プレートの沈み込みによって大陸が海の中で誕生することはなんとなく理解できたようである。そうであるならば、軽い大陸（まだいまのところ「小陸」ではあるが）がフィリピン海プレートとともに地球の中へ沈み込めずに、本州に衝突することは納得できることだろう。図3－1に示した伊豆衝突帯の南北断面図がこのようすを物語っている。そして、このような海で生まれた大陸の衝突こそが、大陸を成長させるのだ。この地球という星でプレートテクトニクスが作動し始めたのは、おおよそ三八億年前のことである。それ以来大陸は、衝突と合体を繰り返して成長してきたのだ。そして伊豆衝突帯は、現代版大陸成長の現場であり、そのおかげでわたしたちは、ボタンエビに舌鼓をうつことができるのだ。

　ところで、伊豆・小笠原・マリアナ諸島は、伊豆半島から南に約二〇〇〇キロメートルも連なっており、この全域で大陸地殻がつくり出されつつある。そしてこの大陸地殻は、フィリピン海プレートの動きに乗って日本列島へ次々と衝突してくるのである。つまりこの衝突によって、これからも日本列島はどんどんと大きくなるはずなのだ。

「日本が大きくなる？　なんとなく嬉しいことね！　どれくらい日本列島は広がるの？」

　当然の疑問だろう。ただ、「地球時間」はわたしたちの日常と比べると時計の進み方が桁違いにゆったりしていることは覚えておいてほしい。地球史四六億年をわたしたちの一生（約八〇年）にたとえると、一〇〇〇万年はわずか二カ月にすぎない。それだからわたしのような人種は「どんどん大きくなる」という表現をしてしまうのであるが、日常的な時計の尺度にすれば、日本列島が五％ほど大きくなるには一〇〇〇万年位の時間はかかるのだ。

＊　＊

　今夜の大将は、いつものように自慢のマグロやタイを出してこない。徹底して伊豆半島関連のネタを楽しませてくれている。伊豆半島の東側、駿河湾の反対側の相模湾では、マイワシ、その中でも「小中羽《こちゅうば》」とよばれる中ぶりものの漁が始まったらしい。この魚には、伊豆諸島青ヶ島の、麦の香ばしさが広がる焼酎がよく合う。ただし、アルコール度数三五度である。ボタンエビで赤っ恥をかきながらも、自説の展開に気をよくしたわたしは、青酎の微酔に早や瞼も重たげである。最後に相模湾のスズキの押し寿司を一切れいただいて、大将に両手を合わせておいとました。

四月

筍と桜鯛

瀬戸内海のなりたち

月が変わって、久しぶりに大学で新年度を迎えることに少し高揚していた。加えてこのキャンパスは、大阪湾全体を望見できる絶景ポイントにある。眺めを前にいい気分に浸っているときに、姪っ子からのメールが届いた。一度「都をどり」を見たいという。祇園甲部歌舞練場で毎年四月の一カ月間開催されるこの催しは、確かに京に春の到来を告げる風物詩である。しかし、いくらなんでも四月になってからでは、席が取れるはずもない。それに、わたしはあまりにも華やかなこの催しはやや苦手だ。むしろ、北野天満宮界隈にあり、京都五花街の中では一等静かな上七軒の「北野をどり」の方に魅かれる。それにしても、あと一週間で公演終了なのだから、席の確保は難しいに違いない。だめもとで、お茶屋の女将に尋ねてみることにした。最後に訪ねたのはもうだいぶ前のことだから、忘れられていないかと心配したが、さすがにお母さんである。「お江戸の水でお腹こわしてはったん違いますのん?」。やんわりとご無沙汰を叱られてしまった。それでも事情を話すと、平日ならなんとかしてくれるとのこと。ありがたい。

当日は昼から休みをとって、最後の公演に間に合うように京都へと向かった。久しぶりにお茶屋の敷居をまたいでお母さんに席券とお茶をいただいて、いまではめずらしくなってしまった木造の劇場へ向かった。

「ねえねえ、チケット代はちゃんと渡したの?」

お気づかいはありがたいが、京都のお茶屋では、お金のやり取りは御法度である。そのために、神戸の自宅の住所を裏書きした名刺を渡したのだ。

「へえ、ずいぶんと信用されているのね〜」

そう、この信頼こそが一見さんお断りの真骨頂だし、ほかの店にはお世話にならない理由でもある。

をどりを見たあとは、上七軒夜曲の妖しき余韻を残しながら、木屋町の「おばんざい屋」へ行くことになった。往年の某二枚目俳優のお袋さんが始めた店である。学生時代、バスケ部の先輩に連れていってもらって以来の付き合いだ。店はすっかりお洒落になったし、つくり手も変わってしまっているけれど、きっと味は昔のままのはずだ。

筍——香りとえぐ味

春の京都では、何をおいても筍をいただかなくてはならない。席に着くなり、木の芽和えと若竹煮を頼んでおいたのだが、お通しと一緒に「素のもの」も出してくれた。

「これが、噂の筍のお刺身ね！　生かしら」

いやいや、いくら朝掘りとはいえ、夕方に生でいただくことはできない。念のために板場に尋ねると、掘り出してすぐに下茹ではしてあるとのこと。

「この歯ごたえが最高。春の香りがする！」

そりゃあそうだろうが、香りを楽しむならわさび醬油につけるのはやめなさい。だいたい、醬油にわさびを溶くなんてみっともないことをするもんじゃない！　小言をいいかけたが、すでに姪っ子は好奇心全開状態になっているようである。

「青山にある京料理のお店でお刺身を食べたときは、ちょっと苦いというか渋いというか、口の中がきゅっとなる感じがしたのにねえ。ここのはなぜこんなに口当たりが柔らかいの？」

いいたいのはいわゆる「えぐ味」のことであろう。苦味は舌の細胞が感じる味覚の一つであり、一方で渋みは舌の粘膜が萎縮することによる刺激で感じる。えぐ味はこれら両方を兼ね備えた不快な味をさす。そう、筍を料理するコツは、いかにえぐ味を抑えて、香りを引き立たせるかにつきるのだ。

野菜や山菜には独特の苦味・渋味を示すものがあり、ある程度までは風味や季節感として楽しむことができる。このようなえぐ味を引き起こすものは、一般に「アク」とよばれている。野菜のアクの成分としてはシュウ酸がよく知られている。体内でカルシウムと結合して結石をつくったり、骨粗鬆症を引き起こしたりする可能性が指摘される物質である。しかし、えぐ味野菜の代表格であるほうれん草についてはシュウ酸が原因ではないとする研究もあって、まだよくわかっていないようだ。一方で、筍では「ホモゲンチジン酸」というえぐ味成分が悪の根源である。この妙な名の物質は、「筍の親まさり」というたとえにも表される驚異的な筍の成長の源となる、チロシンというアミノ酸が酵素によって変化してつくられる。ちなみにチロシンは、市販の筍の水煮を切ったときに内部に見られる白いつぶつぶである。これ自身には何ら毒性はなく、むしろ集中力を高めたり、ストレスを和らげたりする効果があるといわれている。

「じゃあ、酵素が働いて、そのホモなんとかに変わる前に食べればいいのね」

いかにもそうである。だから、まだ地表に頭を出す前の、つまりチロシンが少ない若い筍ならば、掘り出してすぐに限り、そのままお刺身で食べてもえぐ味は少ないのだ。しかし、掘り出したあとは、時間とともに酵素が働いてホモゲンチジン酸が増えてくる。一方この酵素の働きは、茹でることで止めることができる。「筍は湯を沸かしてから掘れ」というのは、実に科学的な言い伝えなのである。ここのおばんざい屋でも忠実にこの方法を守っている。料理とは、理《ことわり》（理屈に則って）を料《はか》る（うまく処理する）ことであるが、これがまさにその神髄であろう。

「じゃあ、八百屋さんに並んでいる筍は、美味しく食べることができないの？」

少し悲しそうな顔をしている。

もちろん、奥の手はある。ホモゲンチジン酸は、その名の通り酸であるので、アルカリ性溶液には溶け出すのである。そこで古来より、米のとぎ汁や米糠を入れたお湯で筍のアク抜きが行われてきたのだ。しかし米糠を使うとどうしてもその臭いが残って、せっかくの筍の香りを楽しめないし、とぎ汁を大量に用意するのも大変だ。また、鷹の爪もアク抜き効果があるとよくいわれるが、単にその辛さでえぐ味を（同時に風味も）抑えているにすぎない。なんといってもおすすめは、重曹を使うことである。重曹を入れた水を使って一時間くらい下茹でするると、えぐ味はほとんどなくなる。ベーキングパウダーや炭酸飲料にも使われるこの粉末は、もちろん安心して使える代物だし、香りも残らない。それに台所にあれば、カップについた茶渋落としにも使える。キロあたり五〇〇円くらいの安価な優れものだ。

バイガラ――京都湾に堆積した海成粘土層

木の芽和えで春の香りを堪能し、若竹煮で出汁と筍・ふきの共演を楽しんで、そろそろお魚をお願いしようかと思ったときである。

「筍といえば、京都の名産でしょう？　新幹線や阪急電車からたくさんの竹林が見えてる所が産地なの？」

いかにも、合馬《おうま》筍《だけ》ともよばれる福岡ものや、秋に収穫する寒竹やアクの少ない布袋竹《ほていちく》など孟宗竹以外の種類も豊富な鹿児島県には生産量ではおよばないが、京都盆地の西の縁、西山とよばれる所が日本最高の筍の産地である。

「やっぱり、手間ひまかけてていねいに育てているからなのね。さすが京都ね！」

妙に納得しているので聞き流そうかとも思ったが、それではまるで京都以外の農家さんは手を抜いているようではないか。京都以外の竹林でも、親竹の成長を止めて地下茎に栄養を回す「うちどめ」や、下草刈り、それに藁をしいて客土を盛る作業など、心を込めて筍を育てているのだ。それでもなお、筍は西山といわれるのには、ちゃんとした理由がある。それは、「バイガラ」とよばれる土質である。

「バイガラ？　細かい貝殻の層？」

違う、違う！　そんなに砂っぽいものではなく、粘土質で保湿性が高いことが特徴だ。その一方で、パラパラと細かく割れるので、全体としてほかほかと軟らかくなる。だからこそ筍が頭を出す前でも地面がわずかに盛り上がって割れ目が見えるし、サシやホリとよばれる道具を使って深い所の筍を掘り出すことができるのだ。

「小学生のときに粘土細工で像をつくったけど、そのときの粘土は乾くと硬くなっちゃったわよ。細かく割れる粘土って特別なの？」

バイガラの粘土は、「海成粘土」とよばれる内湾に堆積した、ある意味で特別な地層である。内湾には、珪藻などの藻類や地上に生い茂る植物などの有機物を分解して暮らす微生物がうようよしている。分解するときには水中の酸素をたくさん消費するので、これらの微生物が繁殖すると、内湾は酸素に乏しい環境となり、硫黄濃度が高くなってしまう。このような状況で堆積した硫黄を多く含む粘土層が陸上で風化すると硫酸が発生して、粘土をつくる鉱物を破壊してしまうのだ。これが原因で、内湾でつくられた海成粘土は細かく割れるのである。

「じゃあ、バイガラができたころは、大阪湾はもっと奥まで入っていて、京都湾となっていたってこと?」

バイガラを含む地層は「大阪層群」とよばれる。いまから約三〇〇万年前から数万年前までの間に、近畿・東海地方を中心に堆積したものだ。古い地層は湖底にたまったものであるが、およそ一二〇万年位前からこのあたりには何度も海が入り込んでくるようになった。現在の瀬戸内海から東海地方にかけての地盤が沈降したために、地球全体の海水面が上昇すると海が陸地の方へと侵入

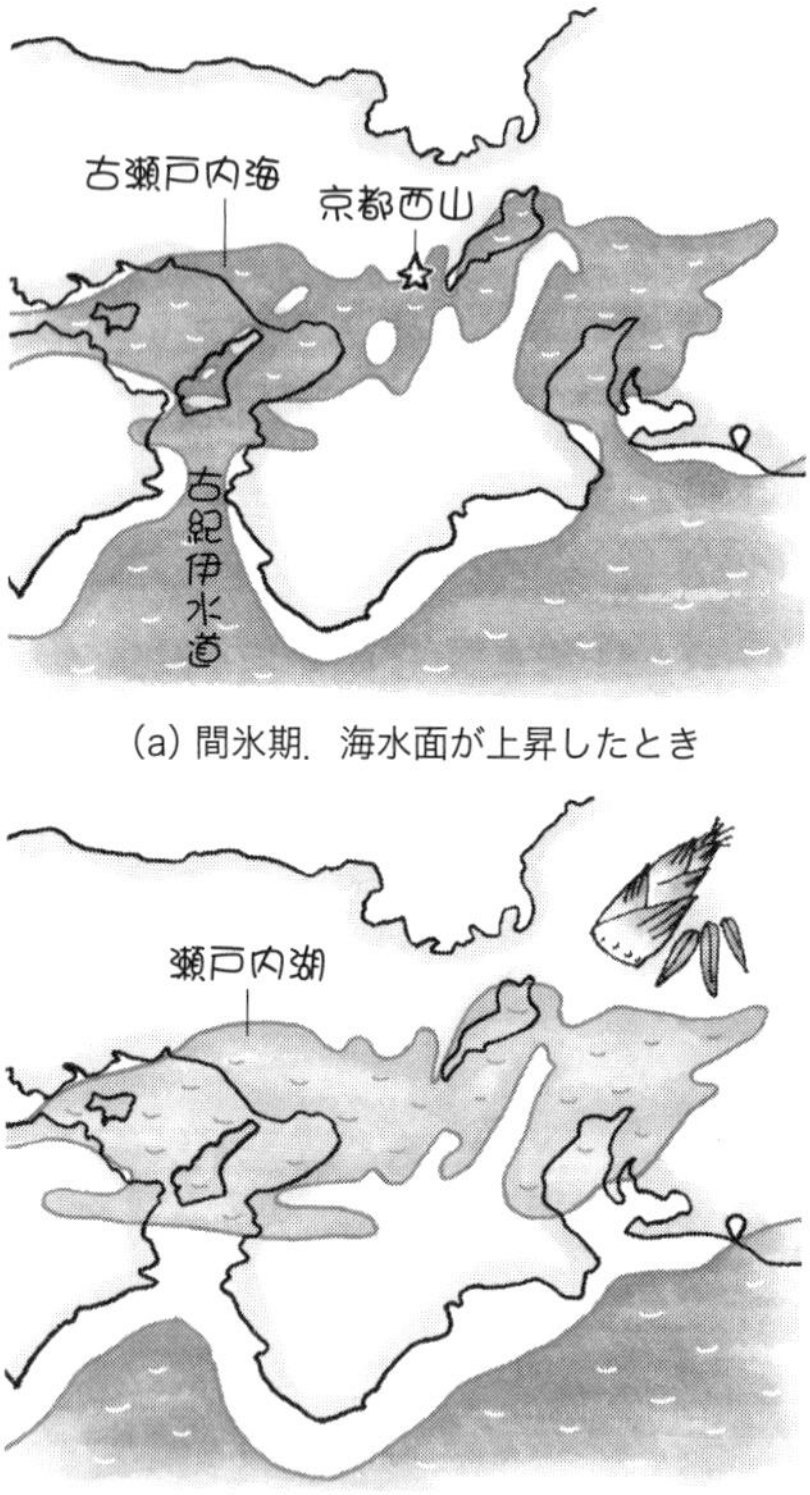

(a) 間氷期．海水面が上昇したとき

(b) 氷期．海水面が低下したとき

図 4-1　バイガラの形成．間氷期に海が広がると京都周辺は内湾となり海成粘土(バイガラ)が堆積する

し、逆に海水面が低くなると、「瀬戸内湖」とでもよぶべき湖が取り残されることとなったのである(図4－1)。このような海水面の変動の原因は、氷期と間氷期という気候の変動にある。氷期には氷河が発達するために地球表層の海水量が減り海面が低下する。一方で、間氷期には海面上昇が起こり、たとえば紀伊水道から内陸部へと海が侵入したのである(古紀伊水道)。そしてこのようなときには、現在の京都盆地は「古瀬戸内海」の内湾となっていたために、バイガラの元となる海成粘土が堆積したのである。大阪層群には、一四枚の海成粘土層が見つかっているが、そのうちの約半数が京都西山の丘陵地帯に分布しているのである。

「美味しい筍が育つことに、瀬戸内海が関係していたなんて想像もしなかった！　瀬戸内海ってお魚だけじゃないんだ……」

姪っ子が感心したようにつぶやいたそのとき、お魚が運ばれてきた。

明石鯛――ブルーのアイシャドウに琥珀色の身質

刺身皿には、期待通りにタイ(鯛)の昆布締めが盛りつけてある。ハマボウフウの若葉(碇防風とよばれる)と湯引きした皮が添えられている。若葉の緑とタイの皮のピンクの色合いが春を感じさせる。

「きれいねえ〜。いかにも京都ね。でも、白身のタイが少し飴色をしているような気がするけれど、どうして？　昆布の色が移っているのかしら」

そんなに長い間締めるとせっかくのタイが台なしになる。養殖ならともかく、天然のタイならば、締めるのは二〇分かそこらである。このタイが飴色をしているのは、本物の明石鯛の証拠なのである。もっとそのタイに敬意を込めて、琥珀色という表現をすることもある。

「こんなに甘味のあるタイを食べたことはないわ！　身も締まっているし……。桜の季節のタイって最高ね！」

この上品な甘味を知ってもらえれば本望である。東京の方ではマグロに主役の座を奪われるが、関西ではなんといってもタイ、なかでも明石鯛がトップスターなのである。ただし、確かに季節は重なるのだけれど、桜鯛とよばれる本当の所以は季節よりも皮の色にある。まるで「ガングロ」のような養殖ものとは違って、明石の天然ものは恥じらうような桜色をしている。とくに産卵前、春の肌は見事だ。それともう一つ、明石鯛にはお洒落なところがある。なんと、ブルーのアイシャドウをつけているのだ。どうせあとであら煮をつくってもらうことだし、板場にお願いして頭をもってきてもらった。ちょっと薄くなった気もするが、ちゃんとお化粧をしていた。それに、頭の大きさからすると、身は二キログラム弱というところか。そりゃあ、美味しくないわけがない。夏場にかけての産卵期はどうしても身質が落ちるが、秋には桜鯛とは趣の異なる脂の乗った紅葉鯛に再会できる。これは、しゃぶや、鯛茶漬けでいただくと申し分ない。

「なぜ明石のタイはイケ女やイケメンで、かつ素晴らしいの？」

当然の質問なのだが、残念ながらその原因は科学的に解明されているわけではない。しかし、餌と潮流の賜物であることは間違いない。明石のタイは、播磨から神戸にかけての名産である釘煮の材料となるイカナゴのほかに、エビやカニの仲間をたくさん捕食する。これがお洒落なアイシャドウの原因らしい。明石海峡の西側、播磨灘には「鹿ノ瀬」とよばれる南北二〇キロメートル、東西一〇キロメートルにおよぶ浅瀬が広がっている。昔、干潮時には海峡の西から小豆島まで地続きとなり、鹿が歩いて渡ったという言い伝えからこの名前がついたという。この浅瀬は、激しい潮流が大阪湾から明石海峡を抜けるときに巻き上げた砂が積もってでき上がった海底砂丘域であり、最も浅いところでは水深はわずかに二メートルほどである。砂質の粗い粒子が潮流でかき混ぜられることで、海水中の栄養分や酸素が十分に行き渡る。その結果、大量のプランクトンが発生し、これを目指して甲殻類やイカナゴが集まり、さらにはタコやタイの餌場となっているのだ。鹿ノ瀬は、海の穀倉地帯とか天然の生け簀《す》ともよばれ、日本近海、いや世界的に見ても最も豊かな海なのである。

瀬戸内海の潮流——瀬戸の形成と潮の満ち引き

「結局は、美味しいタイは瀬戸内海の潮流が育んでいるのね。淡路島があるために、明石海峡と鳴門海峡ができているのでしょう?　瀬戸内海って沈降してできたってさっきいってたけど、なぜ淡路島は沈まなかったの?」

なかなかの質問である。確かに瀬戸内海は一様に海が広がっているわけではなく、「灘」とよばれる比較的広い海域と、半島が突き出したり島が点在して海が狭くなっている「瀬戸」とよばれる所が交互に位置している。さらに同じように、大阪湾から伊勢湾にかけての地域でも、湾や盆地が山地や隆起帯の間に分布している（図4－2a）。

このような規則的な地形の配列は、フィリピン海プレートの運動と、九州から四国を経て中部地方まで延びる「中央構造線」とよばれる巨大断層の存在が最大の原因である（図4－2a）。フィリピン海プレートは、西南日本をのせたユーラシアプレートの下へ南海トラフから沈み込んでいる。そしてこの運動方向が、南海トラフに対してやや西へ振れているために、ユーラシアプレート内の断層である中央構造線と南海トラフの間の部分が、小プレート（マイクロプレート）として西向きに引きずられるのだ。すると、中央構造線の北側にはマイクロプレートの運動によって、隆起部と沈降部が繰り返すような変形が起きるのである。このような現象は実験によって再現されている。

プレートの斜め沈み込みによって淡路島が隆起し、沈降する大阪湾と播磨灘・紀伊水道の間に明石海峡、鳴門海峡ができ上がったのである。

「そうなんだ～。普段はまったく気にしていないけれど、日本列島の地形って結構規則性があるのねぇ。それで、その規則性はプレートが原因なんだ」

妙に納得したようである。

「鳴門海峡って渦潮で有名な所でしょう？　潮の流れが速いことと海底の地形が影響して渦ができるって聞いたことがある。明石海峡もそうだけど、なぜこのあたりで潮の流れが速いの？　海峡が狭いことと関係あるのは何となく想像できるけど、やっぱりよくわからないな」

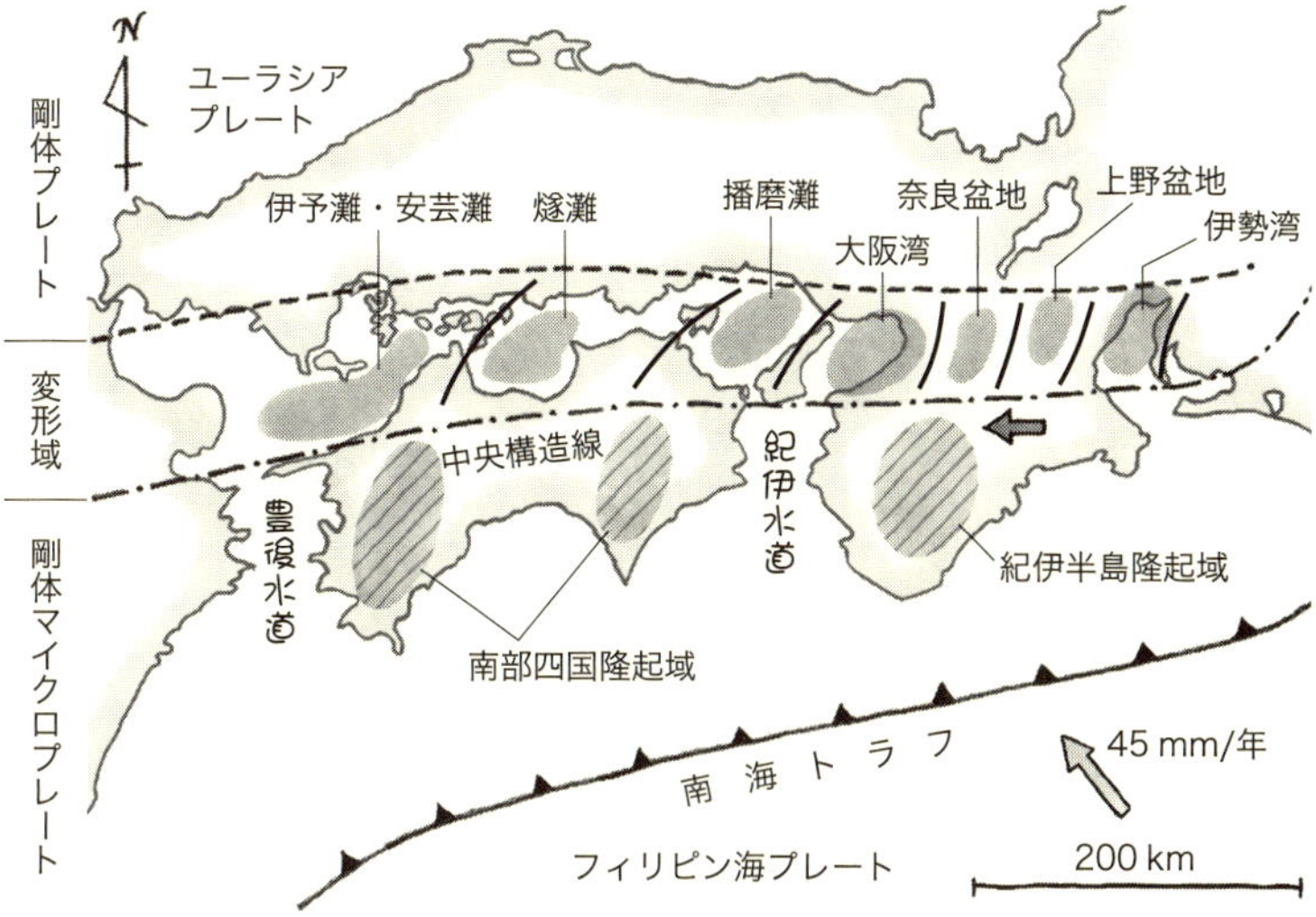

(a)

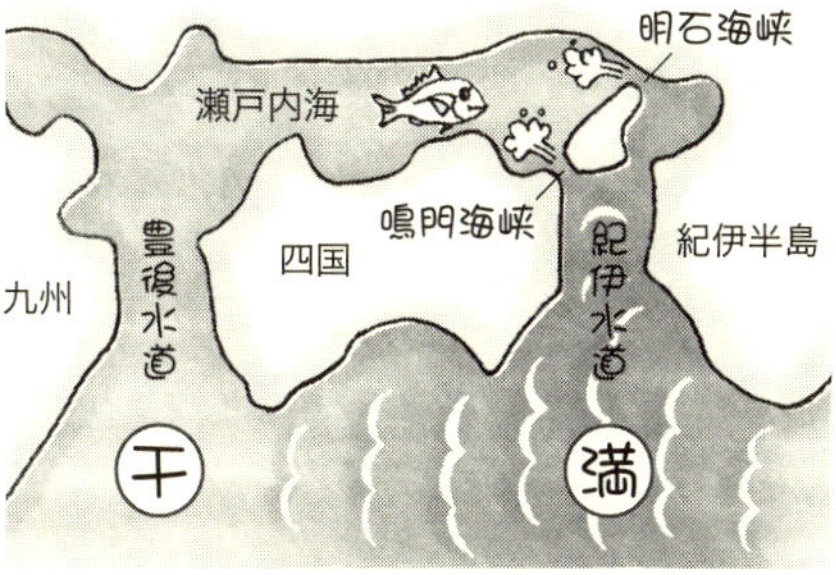

(b)

図 4-2　灘と瀬戸の形成と潮の流れ．(a)フィリピン海プレートの斜め沈み込み(⇦)によって中央構造線と南海トラフの間のマイクロプレートが⬅の方向に移動する．瀬戸内海はその北側の変形域となる．(b)明石・鳴門で干満の差が生じるメカニズム

はいはい、説明いたしましょう。ずばりその原因は海洋潮汐、つまり潮の満ち引きと地形にあるのだ。潮汐がなぜ起こるかを話している余裕はないので、とりあえず月の引力が大きな原因であることだけは覚えておいていただこう。そして、地球が自転しているために、潮の満ち引きは東から西へと伝わっていく。これが、重要なのだ。

そこでもう一度、瀬戸内海の形を思い出してほしい(図4－2a)。この内海はほぼ東西に延びていて、紀伊水道と豊後水道で外洋とつながっている。そして淡路島が鎮座するために、その北と南に狭い海峡が存在している。さて、ここ紀伊水道あたりが満潮になったとしよう(図4－2b)。すると紀伊水道から大阪湾へは外洋から海水がどんどん流れ込む。しかし、淡路島がまるでダムのような役割をして、瀬戸内海への海水の流れを堰き止めてしまう。一方で、さらに西方の豊後水道付近はまだ満潮に達していないために海面は低く、そのために、豊後水道と広くつながっている瀬戸内海の海面も低い。すなわち、「淡路島ダム」の東西で海面の高さが大きく違うこととなり、その結果、明石海峡と鳴門海峡では東から西へと滝のように海水が流れ込むのだ。

少し時間が経つと、今度は豊後水道あたりが満潮となり、そのときには紀伊水道では潮位は下がり始めている。すると、豊後水道から瀬戸内海へ海水がどんどん流れ込み、「淡路島ダム」の西側の海面が高くなり、海峡では西から東へと滝ができることになる。これが、ときとして時速二〇キロメートル近くまで達して、川のように潮が流れるといわれる海峡での出来事の真相である。

「そんなに流れが強いんだ。じゃあ、人が泳いで渡るなんて無理かしら」

一五〇〇メートル自由形の競泳選手でも時速は六キロメートル程度なのだから、ほぼ渡りきるのは無理と考えた方がよいだろう。

＊　＊

かすかにアイシャドウの跡が残った明石鯛のあら煮には、牛蒡《ごぼう》とお豆腐も添えられている。最初にどこを狙うか見ていたが、とろっとしたお目めと脂の乗った頬に箸をつけた。感心である。仕方がないのでわたしは、カマの胸びれ、いわゆる「鯛の鯛」とよばれる骨の周りをせせることにする。あら煮の汁は、少し残しておいた牛蒡と一緒に冷蔵庫で煮こごりにしてもらおう。最後にあったかいご飯にのせて食べるのである。ここまで堪能すれば、明石のタイに申し訳も立つというものだ。念願だったという、京菜（水菜）とお揚げさんのたき合わせもいただいて、満ち足りた表情をしていた姪っ子だったが、突然、真顔になって問うてきた。

「瀬戸内海がプレートの斜め沈み込みでできたことは、なんとなくわかった気がするけど、そもそも瀬戸内海が内海なのは、四国や紀伊半島があるからじゃないの？　なぜこの辺は陸地なの？」

それを解説するには、もう今夜は十分にお腹がふくれてしまった。またの機会に……。

五月

こしび

盛り上がる紀伊半島

神戸に引っ越して驚いたことがある。裏山の六甲山地には、たくさんの紫陽花《あじさい》が自生しているのだ。今年は月の半ばから急に気温が上がったせいか、大学の周りでももう咲き始めている。この花（正確には萼《がく》）は色が変化するので、「移り気」という花言葉をもつと聞いた。なんでも、六甲山地の紫陽花の澄んだ青色は、日本一との評判だ。紫陽花の青色は、土壌中のアルミニウムイオンが原因である。六甲山地をつくる花崗岩には、長石というアルミニウムに富んだ鉱物がたくさん含まれている。そしてこの鉱物は風化してすぐに粘土鉱物に変化して土壌となる。だからこそ、六甲の土壌中にアルミニウムイオンが豊富に含まれ、紫陽花は見事な青色となるのだ。

そういえば、北陸の福井にも紫陽花の名所があったと記憶する。五月の福井といえば、サクラマスの聖地とよばれる九頭竜川の漁期もそろそろおしまいのころだ。ということは、いいアオハタが小浜に揚がりだす時期かもしれない。ハタはやっぱり薄づくりがよい。白身の薄づくりには、黒龍の吟醸冷やか、それとも大吟醸の燗、どちらが合うだろう？　締めには「へしこ」で茶漬けも福井

らしくてよい……。食のイマジネーションが連鎖反応を起こし始めた。

そうだ、福井へ行こう！　たしか、かつて京都の割烹で修業していたお兄さんが、実家の寿司屋を継いでいたはずだ。割烹の大将に尋ねてみると、そのお店はすぐにわかった。さっそく電話をかけてみると、相変わらずのはにかんだ声が返ってきた。最近では、県外からもいい魚を入れることができるようになってきたとのこと。そりゃあ、楽しみだ。神戸からわざわざ来ていただくのは、としきりに恐縮しているが、特急を使えば二時間ほどで行けるのだから、姪っ子も誘ってやることにしよう。

熟寿司と早寿司

特急「サンダーバード」は湖西線を北上する。右手に琵琶湖を眺めながら、この湖はおおよそ四〇〇万年前に誕生したこと、当時は忍者で有名な伊賀あたりにあったものがだんだん北へ移動してきて、約四〇万年前に現在の場所に落ち着いたことを話していた。

「へぇ～、どれくらいのスピードで動いてきたの？」

あくまで単純な平均値であるが、年間二～三センチメートルというところだろうか。実はこの移動はフィリピン海プレートの沈み込みによって引き起こされている可能性があることを説明しようとしていたのだが、姪っ子の興味は食べものの方へ移ってしまったようである。

「琵琶湖っていえば、鮒寿司《ふなずし》って聞いたことがあるけど、鯖寿司みたいなもの？」

いかにも、鮒寿司は琵琶湖のニゴロブナを用いた名物ではあるが、押し寿司ではないし、ましてやにぎりでもない。熟寿司《なれずし》といわれる、弥生時代に米とともに伝来した由緒ある保存食の一つである。フナを塩漬けし、その後米とともに一年以上も乳酸発酵させることにより、うま味を最大限に引き出したものである。米はペーストのようになってしまうのでフナだけを薄切りにして食す場合が多い。独特の香りが強烈で、このごろでは一尾で五〇〇〇円ほどもする高級珍味である。

「そんなに高くてにおいも強いのなら、やっぱりにぎり寿司の方がいいわね！」

にぎり（江戸前寿司）は、熟寿司と並べるときには早寿司ということもある。

「そんな言い方があるのね。早寿司って、いかにも江戸の下町で始まったファーストフードって感じがする。でも、当時はマグロのトロは食べなかったっていうじゃあない。本当なの？」

そう、江戸時代から戦前までは、マグロは寿司ネタとしては下魚であり、近海ものクロマグロの赤身が「漬《づ》け」（醤油漬け）にして出されていた。ところが戦後から高度成長期に入ると、トロの人気がどんどん上がって、逆に漁獲量は減り続け、遂にクロマグロは超高級魚となってしまったのだ。

「クロマグロって本マグロのこと？　ビントロってのも食べたことがあるけど、あれもマグロの仲間？」

マグロの種類もわからないまま寿司屋へ連れていくわけにはいかない。仕方がないので、本マグロとはクロマグロ（シビ）であること、そのほかに、ミナミマグロ（インドマグロ）、メバチ、キハダ、ビンチョウ（ビンナガ）などが出回っていることを教えた。ただし、独特の酸味が出色な「赤身」は、クロマグロの専売特許である。ミナミマグロは、大トロの濃厚な脂の甘味がクロマグロのそれと双璧であるが、赤身はとうてい足下にもおよばない。ましてやほかのマグロたちと比べることは、クロマグロに失礼というものである。白っぽいのをいいことに、ビントロなどという名をつけて、シーチキン缶詰の原料となるビンチョウを出す店なんぞは、寿司屋とよぶべきではない。

「でも、テレビでよく見る大間の本マグロなんて、高くって手が出ないでしょう?」

たしかに超高級品である。一方で、生の本マグロはアメリカ東海岸や地中海からどんどん空輸されてくる。成田空港が成田港とよばれる所以である。さらに、見事なまでの技術で冷凍された本マグロもすばらしい。まずは、信頼できる魚屋や寿司屋を見つけることこそが大事である。そうすれば、本物のマグロを堪能できるし、ましてや畜養や養殖ものを、「生鮮本マグロ」と騙される悲劇は起きない。

福井で那智勝浦のマグロを食す

その寿司屋は福井市の中心街にあった。カウンターに腰掛けると、付台越しにすっかり大将らしくなった懐かしい顔が見える。割烹で追い回しをしていたころの姿を思い出して、なんだか嬉しくなってしまった。シャキシャキした岩もずくの酢のものに続いて、予想通りハタの薄づくりとサワラの昆布締めが出てきた。今夜は吟醸冷やでいただくことにする。

「サワラは西京焼しか食べたことがなかったけど、お刺身も美味しい！　春のお魚って書くくらいだから、いまが旬なのよね」

そう、いまごろが産卵期で美味しいのである。一方で、ほのかな甘味がすばらしいハタにはあまり反応を示さない。若い者にはやや淡白すぎるのか……。

では、少し濃厚なものもいただこうかと思って大将に尋ねると、「こしび」があるという。こしびとは、出生魚であるシビ(クロマグロ)の子ども(若魚)で、おおよそ三〇キログラム(体長一メートル)より小さい。関東ではメジ、関西ではヨコワともよばれる。ちょうど車中でマグロの噂をしていたところだ。

間もなく「漬け」と大きめに切られた中トロが出てきた。テレビでお馴染みの骨董屋の台詞を言いたくなるような代物である。

「漬けって美味しい！　でも、なぜ表面を炙《あぶ》ってあるの？」

これは炙りではない。「霜降り」とよばれる下ごしらえの一種である。「焼き霜」なる表面を軽く炙る霜降りの方法もあるが、一般には沸騰後少し冷ました熱湯を回しかけたり、湯をくぐらせたりすることで魚の臭みをとる技で、この店でもその手法がとられている。しかし、漬けの霜降りの場合はその意味合いが違う。直漬《じかづ》けにすると醬油がしみ込みすぎて塩辛くなってしまうし、色落ちもする。そこで、霜降りにすることで表面のタンパク質を凝固させて膜をつくるのだ。また、漬けだれには、酒とみりんを加えた醬油を煮きってから使うと角が取れてよい。若いこしびは親と比べると色合いも味も薄く、赤身独特の酸味にも欠ける。しかし一方で、これから育とうとする若き血潮を味わうことができる。漬けにすることで、こしびの短所を補いつつ長所を楽しむことができるのだ。もう一つ、こしびのよさを引き立たせる食べ方がある。それは、おろしたてのわさびをのせて、口の中いっぱいに頰張ることだ。

「こんなに大きい中トロは初めてだし、すごくうま味が広がる！　癖になりそう！」

そりゃ、よござんした。姪っ子の食べっぷりに、大将もニコニコしている。

「こしびは福井で捕れるのですか？」

いきなり話しかけられてちょっと照れたような大将だったが、最近になって勝浦からのルートができたと教えてくれた。

「勝浦って、千葉の？」

関東の人たちはそう思うようだが、関西で勝浦といえば那智勝浦。紀伊半島の南端潮岬の近くにある町だ。世界遺産「熊野古道」が通じる熊野三山の一つである熊野那智大社や、日本三名瀑に数えられる那智滝《なちのたき》がある。そして、熊野灘に面したこの港は、日本有数の近海生マグロの水揚げで知られている。

「近海本マグロといえばテレビでよく見る大間だけかと思っていた……。マグロって黒潮にのってくるのでしょう？　那智勝浦でマグロがたくさん捕れるのは、紀伊半島が突き出しているせいなの？」

少しクロマグロの回遊について説明が必要なようだ。日本列島周辺では、沖縄・南西諸島近海が主なクロマグロの産卵地といわれている。このあたりで生まれた赤ちゃんが北上し、九州南方で黒潮組と対馬海流組に分かれ、ともに津軽海峡、すなわち大間沖へと回遊するのである。黒潮組の一部は、三陸沖から太平洋、さらにはアメリカ西海岸まで足を延ばすといわれている。南へと突き出した紀伊半島の先端潮岬は、まさに黒潮に洗われる場所であり、その近くにある那智勝浦漁港には、すぐ沖でクロマグロを捕ることができるという利点があるのだ。

一四〇〇万年前の超巨大火山活動と紀伊半島の隆起

「突き出しているってことは、紀伊半島が盛り上がっているってことよね。そういえばこの間、京都へ行ったときに、瀬戸内海が海なのは紀伊半島や四国が陸地だから、っていってたわよね。なぜこの辺だけ盛り上がるのかしら」

大将が炭火でさっと炙って焼き霜にしてくれたこしびを頬張りながらも、少しお腹が満たされてくると、列島の変動が気になりだしたようである。仕方がないので、またパソコンを取り出して図を見せることにする。紀伊半島で地震波や電気抵抗を観測すると、半島の中央部から南部にかけて、周囲より熱い岩体が広く分布することがわかってきた(図5－1)。また、この地域には温泉が点在し、なかには源泉の温度が八〇度を超えるものもある。高温の大きな岩体が地下に存在すると、この部分は周囲より軽くなり、その結果地盤全体が隆起するのである。

「へえ、近畿の温泉といえば有馬と城崎だけかと思っていた……。でも、紀伊半島には火山はないじゃない。どうしてそんなに地下の温度が高いの？」

そう、確かに兵庫県北部の城崎温泉は火山性の温泉だ。また神戸の裏座敷とよばれる有馬温泉は、フィリピン海プレートから絞り出された熱水が湧き出したものである。では、紀伊半島はなぜ高温なのか。それは、いまからおおよそ一四〇〇万年前にこのあたりで起こった、まさに驚天動地の巨大火山活動に原因がある。そのときに地表へ噴出しなかったマグマは地下で固まってしまったのだが、それがいまだに高温を保っているのだ。

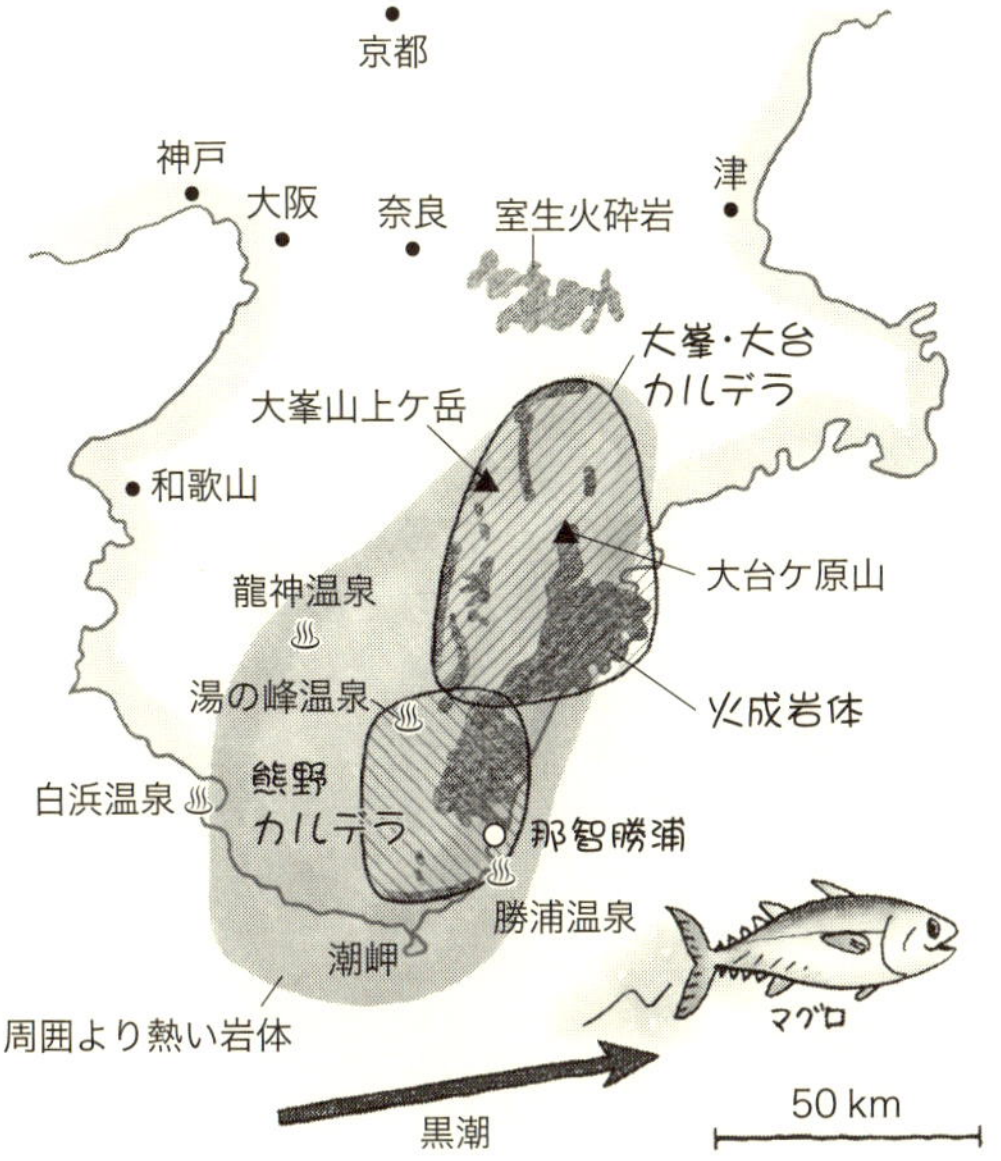

図 5-1　紀伊半島の巨大カルデラと温泉

「火山の根っこがまだ冷えきっていないってことね。それで、その大きな火山ってどこにあったの？」

紀伊半島南東部には、一四〇〇万年前にできた花崗岩に似た火成岩や、同じような組成の火山岩・火砕岩が広く分布している。そして、これらの火成岩はリング状の分布を示し、またその分布と調和的な環状の陥没構造がある。

このような地質の特徴は、カルデラ火山がその後の浸食によって削り取られてしまったときにできるものだ。つまりこの地域には、かつては大峯・大台と熊野の二つのカルデラが存在していたのである(図5－1)。驚くべきは、これらのカルデラの大きさである。大峯・大台カルデラの面積は約一〇〇〇平方キロメートル、熊野カルデラは七〇〇平方キロメートルを超える。世界でも有数のカルデラである阿蘇や姶良《あいら》の場合でも三〇〇～四〇〇平方キロメートルであることを考えると、紀伊半島のカルデラがいかに超巨大なものであるかがわかるだろう。

「そんなに大きいの！　阿蘇カルデラができたときには、九州全体に火砕流が流れたって聞いたことがあるけど、一四〇〇万年前には関西一円を火砕流がおおいつくしたの？」

火砕流なんて言葉を知っているとは感心、感心。火砕流とは高温の火山灰や軽石などが、一団となって高速度で斜面を流れ下る現象だ。確かにいまから八万七〇〇〇年前に起きた阿蘇4とよばれる大噴火では、一〇〇〇立方キロメートルもの火砕流があふれ出した。カルデラの大きさとそこから噴出した火山灰の量は比例関係にあるので、紀伊半島南端付近で起きたカルデラ噴火では、九州よりも広い地域を火砕流がおおったと予想される。そのときの火砕流は、いまも奈良県から三重県にかけて、最大四〇〇メートルもの厚さで残っており、現存する体積は一〇〇立方キロメートルにもおよぶ。この地質は、その分布域の真ん中にある女人高野、室生寺の名をとって室生火砕岩とよばれている。

「ねえねえ大将、この福井まで勝浦あたりから火砕流がやってきたらしいわよ。こしびと同じね！」

「一四〇〇年前でしょう？　わたしにはようわかりまへん」と大将。違う、違う。一四〇〇の単位は年ではなく万年である。

超巨大火山活動の原因

「じゃあ、四国の室戸岬や足摺岬が南へ突き出してるのも、同じ原因？　テレビでは、南海トラフから潜り込むプレートに引きずりこまれていた地盤が、大地震のあとで跳ね上がったっていってたけど、そうではないの？」

確かに、そんな説もあるようだが、間違いである。四国から九州南部にかけて、中央構造線という大断層の南側、通称「外帯」とよばれる地域には、紀伊半島と同じように一四〇〇万年前の巨大火山活動の痕跡が残っており、まとめて「外帯酸性岩類」とよばれている（図5－2）。酸性岩とは、白っぽくてシリカ（二酸化ケイ素）成分の多い岩石の総称である。これらの外帯酸性岩類はいずれも、紀伊半島のものと同じような岩石や地質からなっており、やはり地下に高温の岩体が潜んでいるものと考えられるのである。

「でも、室戸岬の周囲にはその酸性岩はないじゃない！」

鋭いツッコミである。そう、この地域には地表には顔を出していないが、やはり地下には大岩体があると考えられている。その根拠の一つは、紀伊半島、四国西部、九州東部では、中央構造線を

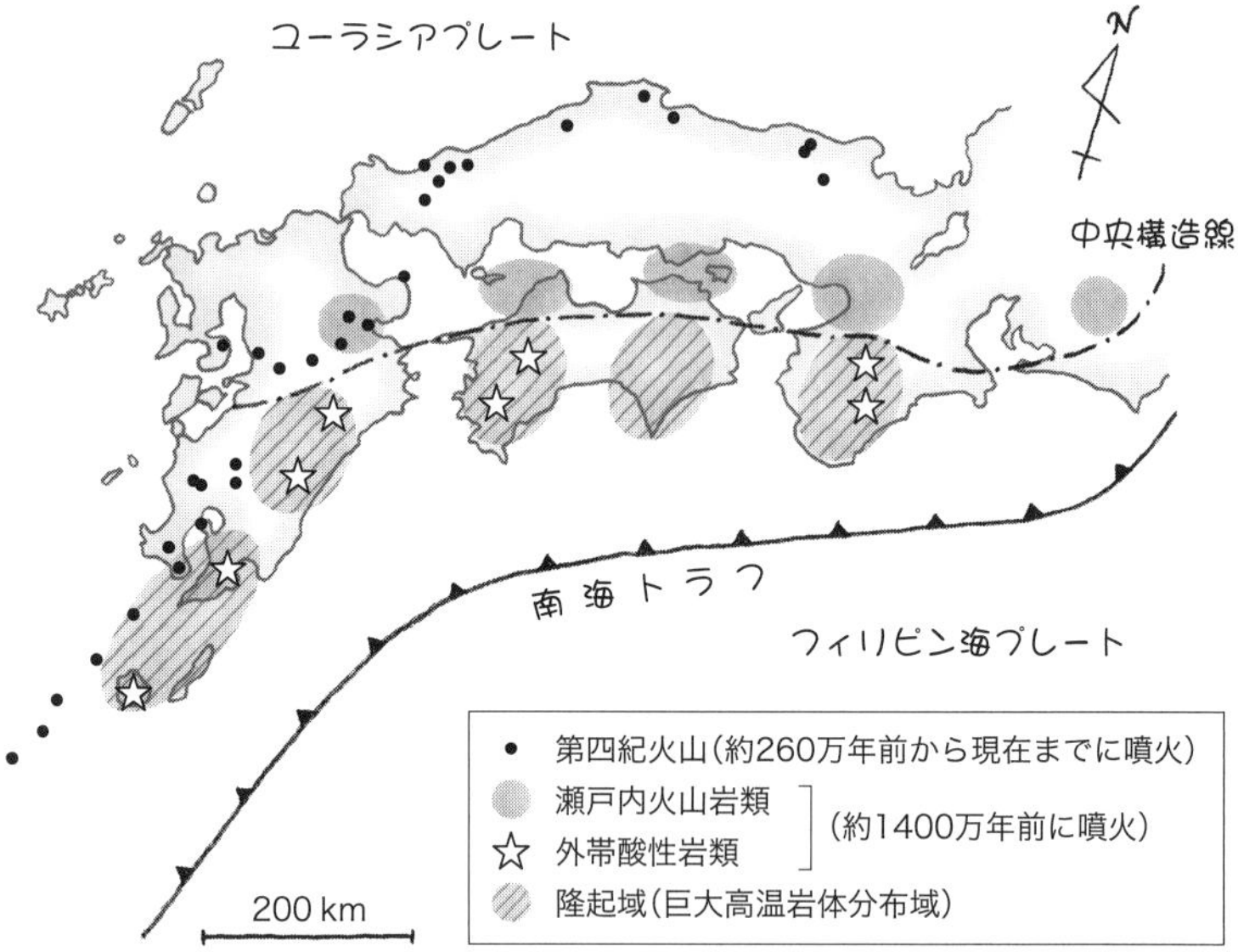

図 5-2　西南日本の火山と火山活動の痕跡

はさんで、ほぼ同時期の火山活動が対をなすように起こっているからである。北側、すなわち瀬戸内海にそった場所の火山活動の痕跡は、「瀬戸内火山岩類」とよばれている。親友の密告によって謀反の疑いをかけられて自害した大津皇子《おおつのみこ》の墓がある大阪・奈良県境の二上山、源平合戦の舞台の一つである高松の屋島、TOKIOの「DASH島」の舞台である松山市の由利島などが、これに属するものである。したがって、四国東北部（高松周辺）に対応するように東南部（室戸岬周辺）にも外帯酸性岩類が隠れていると考えているのだ。

「屋島って、サヌカイトが採れる所じゃないの？　叔父さん、ツトム・ヤマシタって知ってる？　彼のCDでサヌカイトの石琴を使ったのがあって、すごく癒されるの！」

いかにも「かんかん石」ともいわれるサヌカイトは瀬戸内火山岩類を特徴づける石だし、天才パーカッショニストのヤマシタに石琴を紹介した前田仁さん（サヌカイト山をもつ石屋さんだった）とは生前親しくさせていただいた。ただ、最も典型的なサヌカイトは、高松市の東側に座する屋島ではなく、西側の五色台や金山に産する。

「いまから一四〇〇万年前って、巨大なカルデラができたり変な石ができたり、天変地異が起こっていたのね。そういえば、日本海の拡大や伊豆の衝突もこのころじゃなかった？」

よく覚えていたものだ。その通り。日本列島がアジア大陸から分裂し始めたのが約二〇〇〇万年前。そして西南日本と東北日本がそれぞれ、時計回り、反時計回りに回転して日本海が大きくなったのが一五〇〇万年前である（二月）。そして、回転しながら南方に漂移した西南日本の前面に位置したのが、フィリピン海プレートであり、その上に乗っかっていた伊豆・小笠原弧が本州に衝突し始めたのだ（四月）。

では、なぜこのときに瀬戸内地域や外帯で特異なマグマが発生したのか？　この問題を解く鍵は、火山の分布にある。一四〇〇万年前のマグマの活動は、現在の火山よりずっと海溝（南海トラフ）に近い所で起こったのだ（図5－3）。一方で、現在の火山は、もっと日本海寄りで、沈み込むフィリピン海プレートの深さがおおよそ一〇〇キロメートルになった所の上につくられる（図5－3b）。これは地球上の多くの火山帯に共通する性質である。くわしくはまた別の機会に話すが、プレート

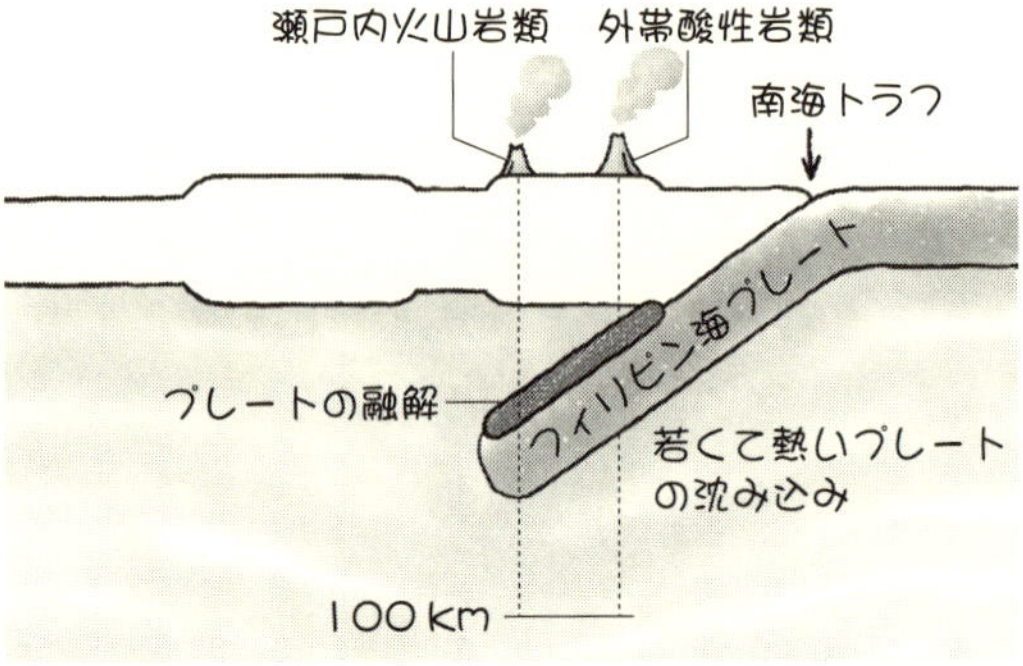

(a) 1400万年前の西南日本

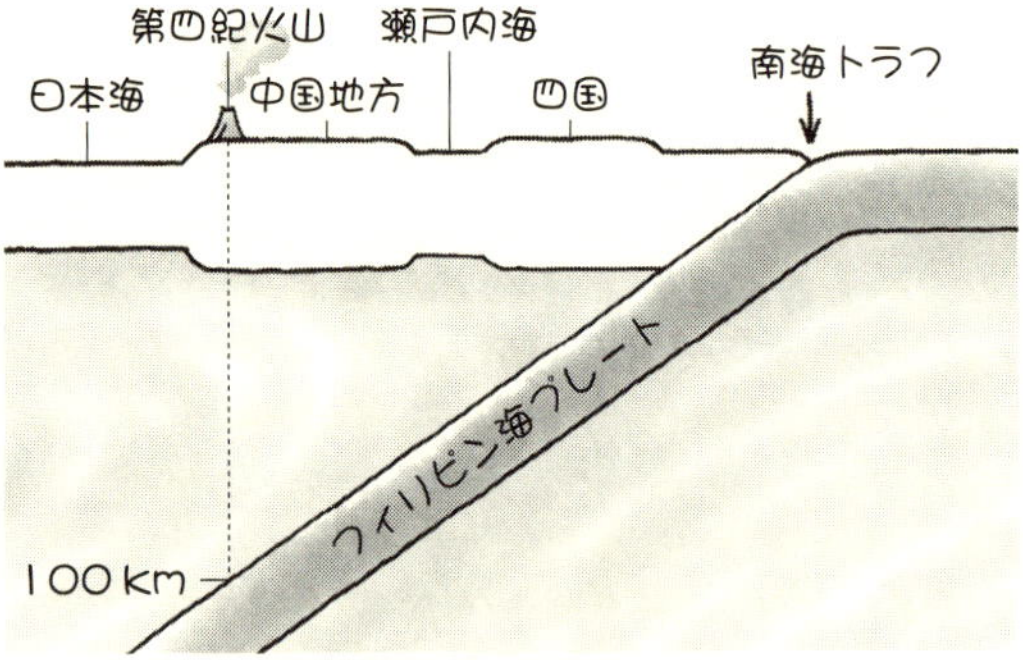

(b) 現在の西南日本

図 **5-3**　1400 万年前の火山と現在の火山の位置

が一〇〇キロメートルの深さに達するまでの浅いところでは、マグマはつくられないのである。しかし一四〇〇万年前の西南日本では、もっと海溝に近い所、プレートまでの深さが浅い所でマグマがつくられたのだ(図5-3a)。この異常なマグマ活動の原因は、当時のフィリピン海プレートが生まれたてでまだ熱かったことにある。このような熱いプレートは、マントル内へ沈み込むと融けてしまったのだ。それで、異常なほどに大量のマグマが外帯地域で発生し、特徴的なサヌカイトマグマが瀬戸内海沿岸で噴出したのである。

「ふーん、なんとなくわかった気がする。でも、プレートって冷たくって重いから海溝から地球の中の方へ落っこちていくんでしょう？　そんな熱いプレートは沈み込むことができるのかな」

なかなか論理的な疑問である。一四〇〇万年前の天変地異のときは、むしろ西南日本が熱くて軽いフィリピン海プレートの上にのし上がったといった方が適切かもしれない。

＊　＊

こしびのすき身がたっぷり入った太めのネギトロまでいただくと、わたしはもう満腹である。しかし、福井まで来たのだから、やはり名残マスを食さねばこれから一年間ずっと後悔することになる。姪っ子も興味津々だというので、大将に鱒寿司をお願いする。運悪くアニサキスという寄生虫にやられると厄介なので、九頭竜川で捕ったサクラマスは一〜二日冷凍して、それを押し寿司にしたものだという。最近ではサクラマスの遡上が少なくなり、本場の富山でもカラフトマスなども使われているらしい。

「サケとマスって何が違うの？　マスは海へもどらない種類？」

外国では一般にそのような認識で、トラウトとサーモンと区別するようだ。ただ日本ではそうではない。サクラマスも海へもどって回遊するのだ。しかしなかには一生河川で過ごすものもおり、ヤマメとよばれている。サケはシロザケとよばれるサクラマスの親戚であるが、少なくとも日本ではすべて河川から海へ移動する。

気がつくともう九時前である。大将にお礼をいって、バタバタとタクシーを走らせて、最終のサンダーバードに飛び乗った。ほろ酔いしかも満腹の姪っ子は、座席に座るなり幸せそうな眠りについていた。

六月　穴子と鰻

海底火山でのランデヴー

関東の煮穴子・関西の焼き穴子

近ごろは、どうも梅雨の塩梅がおかしい。二〇一一年も、二〇一三年も関西では五月に入梅してしまったし、なにより風情がなくなってしまった。しっとりと石畳を湿らせ、青葉に雨音を奏で、田の水に水紋を落とす地雨《じあめ》のイメージはどこへやら。代わって、災害を伴う豪雨という様相が強くなった気がする。これも地球温暖化のせいだという学者もいるが、本当のところはよくわからない。

そういえば、「梅雨穴子」という言葉を寿司屋で耳にしたことがある。穴子は江戸前寿司の看板ネタの一つである。だから、東京の寿司屋は年がら年中いいアナゴを必死で追いかけている。そんなアナゴのなかでも、川から栄養分たっぷりの水が流れ込み始めるこの時期のものが最高だというのだ。もちろん、江戸前アナゴは品川、羽田、それに野島(金沢八景)と相場は決まっている。確かにこれらのアナゴ(煮穴子)は逸品だ。あくまでも柔らかく、脂の甘味が口中に広がっていく。ただわたしには、ちょっと土っぽい香りが気になる。東京で寿司屋の親爺にそういうと、「それが羽田のアナゴだい！」と自慢されたものだ。

一方関西では、アナゴといえば「焼き」である。子どものころ、高砂のおっちゃんが来ると聞くと、お土産にもってきてくれる「下村の焼き穴子」を楽しみにしていたものだ。高砂は、加古川の河口部にある。関西アナゴの水揚げは、明石・加古川・高砂あたりなのである。かの明石鯛の餌場である「鹿ノ瀬」は、珠玉のアナゴも育むのだ。ここは東京湾と違って砂地であるから、まったく土臭さがない。最近では、百貨店の地下やネット通販でも本場の焼きアナゴを求めることができるようになった。アルミホイルで包んで炙ってわさびで食すと最高である。しかし、やはり焼きたてを食べたいものだ。瀬戸内ものにも「梅雨アナゴ」は当てはまる。「いつ食べるの？」「いまでしょ！」。流行のフレーズが頭をよぎった。

早速姪っ子に、アナゴはいかがと電話をしてみる。あまりアナゴは食べたことがないらしく、ご満悦である。

「実はね、大阪へ転勤してから一度もウナギを食べてないの。このあたりは、東京のように鰻屋さんが多くないのよね。アナゴとウナギって親戚みたいなものでしょう？　両方食べたいな！」

またわがままなことを……。確かにどちらも分類上はウナギ目に属する。ウツボやハモ、それにウミヘビも親戚である。ただ、一緒に食するとなると簡単ではない。アナゴなら播州へ行けばよいし、神戸にもいい店はある。しかし、ウナギもとなると、なかなか思い当たる店がない。困ったときはプロに尋ねるにかぎる。つき合いの長い三宮駅近くの割烹に尋ねてみた。大将の知り合いの鰻屋はなかなかのものを出しているけれど、アナゴは扱っていないという。「よかったら、うちで用意しますけど……」。実はその言葉を待っていたのだ。

アナゴとウナギの競演

その割烹は、一九九五年の震災前は路地沿いのこぢんまりした店だった。震災後の再開発でビルの上階に移って、テーブルが一〇以上もある広いつくりになった。しかし、板場の前には数席のカウンター席があり、いつも馴染みの連中が陣取っている。ふくよかでニコニコした大将の顔を見ると、なぜかほっとする。無論、腕は確かである。

先付けは旬ものの焼き空豆にオクラの煮びたし。コレステロールが気になるおじさま方にはうってつけである。また、オクラに豊富に含まれる食物繊維はあの独特のネバネバを生み出し、滋養強壮や免疫力アップに効果があるという。続いて生タコの刺身が、湯通ししたイボ(吸盤)と一緒に出てきた。言わずと知れた「明石ダコ」である。そういえば、「麦わらダコ」とよばれる旬にさしかかっている。このころになると、漁師さんが麦わら帽子をかぶって漁をすることが由来だという。明石のタコは、いわゆる地ダコの中でも格別である。なにせあの潮流の中で暮らしているのだから、足は少し短めで筋肉質である。だから、明石のタコは立って歩くといわれるのだ。いい餌のおかげもあって、もちろんうまい。おまけに、疲れた肝臓を助けるタウリンもいっぱい含んでいる。鳴門のワカメと一緒にいただくと、川のように流れる明石海峡の潮や鳴門の渦潮が目に浮かんでくる。

タコを頬張ってうっとりしたような表情をしていた姪っ子の目が急に輝いた。きれいに扇のように並べられた薄づくりが出てきたのだ。一見してフグと勘違いしたようであるが、アナゴである。大体アナゴやウナギは生では食さない。血の中にイクシオトキシンという、下痢などを起こす毒素が含まれているからである。この毒素はタンパク質系であるので、加熱すればまったく問題ない。一方で、アナゴの刺身はフグと比べられるほどの美味である。これを味わうには、活絞めしたアナゴをしっかりと血抜きし、さらに洗いにするという手間がかかる。大将に感謝である。

「のれそれ、ってアナゴの子どもでしょう？　高知に行ったときに食べたことがある。確か生で食べた気がするけど、あれは大丈夫なの？」

のれそれをご存知とは、なかなかじゃないか。瀬戸内ではベラタとかハナタレとかとよばれる早春の珍味である。しかし、子どもとはいかにも稚拙な表現だ。アナゴやウナギの、葉のように平たくて透明な仔魚は「レプトケファルス」とよぶ。鮮度のよいものをポン酢や三杯酢でいただくことが多い。ただ、イクシオトキシンは成長とともに血液中に蓄積するといわれており、のれそれの場合は心配することはない。

今日は、当然のごとくに灘五郷（神戸市灘区、東灘区、西宮市）の「男酒」である。花崗岩からなる六甲山系の伏流水には鉄分がほとんど含まれていない。これが麴菌の活動にうってつけであることが、灘五郷の酒に用いられる「灘の宮水」の所以である。姪っ子が最後の薄づくりをたいらげたのを見はからったように、わさびを添えた焼きアナゴが出てきた。

「美味しい！　このあっさりとしたたれがポイントね。秘伝のたれってとこね！」

きっと秘伝でもなんでもない。播磨灘のよいアナゴなら、一刷毛《はけ》のよい醤油——ただし龍野、湯浅、小豆島など関西圏の——だけで文句なくうまい。みりんと酒を少々加えてもよいが、個人的には砂糖はご免こうむりたい。せっかくのアナゴの甘味がわからなくなる。

「ウナギはあちこちで養殖しているけれど、アナゴはどうなの？」

確かに、東京湾でも瀬戸内でもアナゴの漁獲量は年々減少傾向である。そのために、韓国や中国からの輸入物がのしてきているのが現状だ。明石のアナゴ専門店でも韓国産を使っているところもあるようだ。もちろん播州ものとは比べものにならない。皮も身も硬いし、そもそもアナゴたる所以のうま味に欠ける。そして遂には、うま味は皆無だがとにかく巨大なクロアナゴやウミヘビの仲間であるマルアナゴまでもが、アナゴと称して寿司屋や飲み屋で出されるようになってしまった。世も末である。こんな悲劇を救うべく、アナゴの養殖も試みられている。マグロの完全養殖で名を馳せた近畿大学では、瀬戸内海で捕れた稚魚を生育させて出荷を始めている。また、伊勢湾でも養殖が行われていると聞く。養殖もののウナギの品質の高さから推しはかって、天然に引けを取らない養殖アナゴの流通が待ち遠しい。

「えっ、これなあに？　ピクピク動いてるじゃない！」

もしよかったら、と大将が小皿で出してくれたものを見て、ちょっとパニック気味である。ウナギの心臓だと告げると、さすがの姪っ子も言葉を失ってしまった。しかしわたしが常温酒の中にポトリと入れて飲み込んだのを見ると、好奇心が気味悪さに勝ったようである。おまけに、なにか元気になりそうな感じがするといってわたしの真似をした。大したものだ。これが出てくる店は、注文を受けてから活きのウナギを開いているわけだから信用できる。

次は白焼きのお出ましだ。わさびと塩が添えてある。白焼きは初めてだという姪っ子も、ウナギ本来の味を楽しんでいるようだ。

「蒲焼きは、関東風と関西風は違うんでしょう？　開くときに背中からかお腹からかの違いって聞いたけど、それだけ？」

確かに武士の町江戸では、切腹は縁起が悪いとのことで背開きになったらしい。しかし、もっと大きな違いがある。関西では白焼きのあとに続けてたれをつけて蒲焼きとする。一方で関東では、白焼きをいったん蒸して、その後たれづけして蒲焼きに仕上げるのである。蒸すという工程が入るために、関東のほうが柔らかく脂っこくなりにくい。「関西の蒲焼きは硬くてギトギトしていて、食えたもんじゃない！」。よく聞く関東人の関西批判である。しかし、これはレベルの低い鰻屋に入ったのが原因だ。白焼きの段階で身側もよく焼き脂を落とし、同時に「縫い串」で身が反り返るのを防いでいくことで、身は適度に柔らかくなる。

そんな話をしていると、なんと二種類の蒲焼きが出てきた。改めて大将の気配りに頭が下がる。もちろん大将のことだ。どちらもていねいに仕上げてくれているに違いない。

「う〜ん、香ばしくて美味しい関西風と、柔らかくて美味しい関東風。甲乙つけがたいわね」

また、生意気なことをいう。よいウナギを注文を受けてからさばいて、きっちりと仕事を施したものは、関の東西を問わずうまいのだ。

ウナギとアナゴの逢瀬

「ねえ、叔父さんはブリやタイの養殖ものはわかるっていってたけど、ウナギはどう？」

そんなもの朝飯前よといいたいのだが、悔しいかな答えは否である。確かにべらぼうにうまい四万十川や利根川の天然ものをいただいたことはあるが、天然ものでもはっきりいって臭いものもあった。天然ものは個体差が大きいのだ。一方、なんの文句もない立派な養殖ものにも幾度もお目にかかっているし、味のばらつきは小さいようだ。もちろん、今晩のウナギも三河（愛知、静岡）か南九州（鹿児島、宮崎）だろう。ただし、スーパーで特売している大振りのものは大方が中国産で、しかもニホンウナギではなくヨーロッパウナギの場合が多い。まるで使い古した油を塗ったゴムのようなものだ。

「養殖ってシラスウナギを捕ってきて大きくするんでしょう？　愛知とか鹿児島で養殖がさかんってことは、やっぱりシラスは黒潮に乗ってくるの？」

いかにも。ただ、最近では日本列島周辺ではシラスウナギの漁獲量が激減している。

「あ、そういえばテレビでウナギの産卵場がマリアナだといってた気がする。マリアナって、例の伊豆諸島の先よね！　そんな遠くからやってくるのね～」

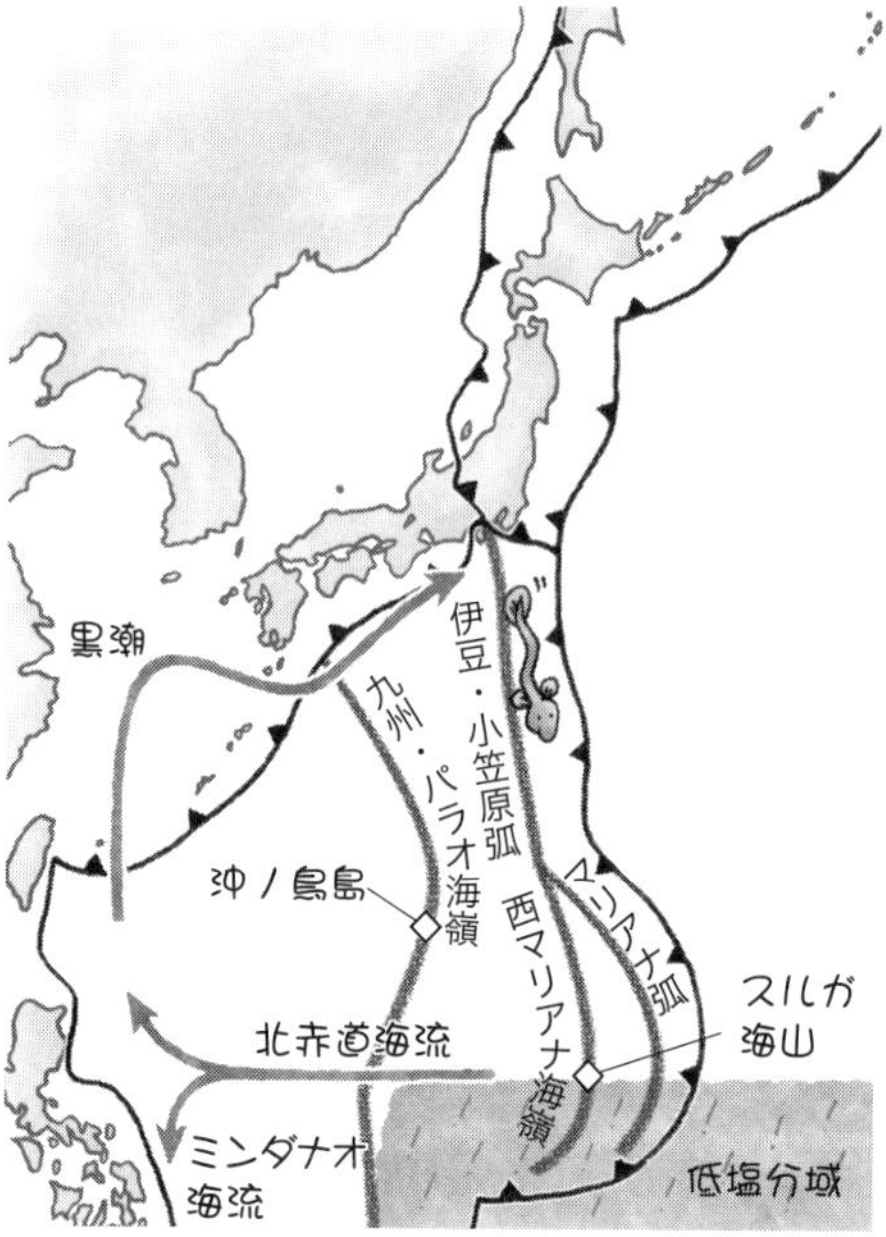

図6-1　ウナギとアナゴの産卵地

もう少し正確にいうと、現在火山活動がさかんなマリアナ諸島（マリアナ弧）ではなく、その西に連なるやや古い海底火山列（西マリアナ海嶺）の一つ、スルガ海山付近がウナギの故郷である（図6-1）。海底からそびえ立つ富士山クラスの海山の頂上付近、深さ二〇〇メートルあたりが産卵の場所らしい。ウナギの産卵地点を特定したのは世界初の快挙であり、東京大学の塚本勝巳教授らの執念の賜物である。ここで生まれたレプトケファルスは北赤道海流、そして黒潮に乗りながら成長して、日本列島にやってくるのである（図6-1）。

「親ウナギは、広い太平洋でそのスルガ海山を見つけるのは大変じゃない！　いくら高い海底火山だといってもそこまでのルート案内があるわけじゃないし……」

当然の疑問である。富士山クラスの海山はこのあたりにはいくらでもあるのだから、大海原の中の特定の海山でメスとオスが遭遇する確率はきわめて低い。ウナギ博士の塚本教授の説はこうだ。

親ウナギは伊豆・小笠原弧に沿って形成される小笠原海流に乗って南下する。そして、熱帯域の激しい降雨の影響で塩分濃度が下がった海水に変化する所の海山を、逢い引きの場所としている（図6－1）。

「なぜ最近、日本でシラスウナギが捕れなくなったの？　河川や海の汚染が原因？」

世界中で捕れるウナギの七割を食べるといわれるわたしたちにとっては、切実な問題である。もちろん、汚染やダムの建設による河川環境の悪化や乱獲も原因ではある。一方で、太平洋域の環境変化も大きく影響しているようだ。先に説明した通り、ウナギは海水の塩分濃度でデートスポットを認識している。ところが、エルニーニョとよばれる南太平洋東部海域の異常高温現象が起きると、こちらの方の海面から蒸発がさかんになり、積乱雲が大量に発生し降雨量が増える。つまり、「低塩分海域」が東の方へ移動するのである。その結果、マリアナ付近の低塩分海域は小さくなり、南へと移動することになる。以前と比べてエルニーニョが多発するようになった最近では、ウナギの産卵場は南へ移動しつつある可能性が高い。すると、フィリピン沖でミンダナオ海流に乗って南下するレプトケファルスが多くなって、日本へ向かうものが減ってしまうのだ。

「エルニーニョって温暖化のせいで起こっているんでしょう？　やっぱ、節電しなくちゃ！」

まだ完全に解明されたわけではないが、その可能性が高いというのが定説である。もちろん節電も大切だし、日本が誇る省エネや排出ガス対策技術を世界に広めることも重要である。一方で、二酸化炭素排出量が頭抜けて高い中国とアメリカに、大国の責任を自覚していただく必要があるだろう。

ウナギ話で盛り上がっていると、肝焼きが出てきた。この店は鰻屋ではないので、ウナギの肝は今日開いた分だけの二つ、それにやや小ぶりのアナゴの肝である。ほとんどをたいらげた姪っ子によれば、アナゴの方が淡白だという。

「あ、そういえば、アナゴはどこで産卵するの？　やっぱりマリアナ？」

アナゴを食べながら質問されるとやや複雑な気持ちになるが、答えないわけにはいかないだろう。実はこの謎が解けたのはつい最近、二〇一二年のことである。それは、九州南東沖からパラオ島まで南北に連なる海山列（九州・パラオ海嶺）の沖ノ鳥島近海である（図6-1）。この島は、日本が排他的経済水域を維持するために、サンゴ礁の内側の「島」に波の浸食による消滅を防ぐ工事を行ったことで有名になった。実はこの島のサンゴ礁の下にも、富士山級の古い火山が潜んでいるのだ。アナゴについては、産卵場所は特定できたようだが、いかにしてこの地まで親アナゴがたどり着くのかはまだ謎である。

四国海盆の拡大と伊豆・小笠原・マリアナ弧の大移動

「ウナギにしてもアナゴにしても、日本のはるか南の海山を目指して泳いでいって、そこで結ばれるなんて、なんだかロマンティックな話ね！　わたしもグアムやサイパンに行ってみようかしら？」

返事のしようがない……。

「ねえねえ、前にいっていたけど、伊豆からマリアナへの列島って、太平洋プレートが沈み込んでできた火山列島で、いま陸が誕生している所でしょう？　じゃあ、スルガ海山や沖ノ鳥島がある古い火山列島（西マリアナ海嶺と九州・パラオ海嶺）はどうしてできたの？　なんか絵（図6－1）を見ると、伊豆・マリアナ列島と同じような感じなんだけど……」

そう、こういう「なんとなくの感じ」というのがサイエンスには大切なのである。かのアルフレッド・ウェゲナーも、南米大陸とアフリカ大陸がジグソーパズルになっているのではないかというような、なんとなくの着想を大陸移動説を展開する発端としていた。

伊豆・小笠原弧と九州・パラオ海嶺の二つの海底山脈にはさまれた所は「四国海盆」とよばれる（図6－2d）。この海域では、一九七〇年代から日本をはじめ世界中の研究者が、徹底的に調査を行ってきた。まさに姪っ子の疑問に答えを出すためにである。

話は約三〇〇〇万年前にさかのぼる（図6－2a）。当時はもちろん日本列島はまだアジア大陸の一部であり、このあたりには、太平洋プレートが沈み込んでいた。その作用によって、「古伊豆・小笠原・マリアナ弧」では活発な火山活動が起こっていた。その中の一つが沖ノ鳥島の下に潜む火山である。

異変が起こり始めたのは、約二五〇〇万年前。古伊豆・小笠原・マリアナ弧が東西に裂け始めたのである。

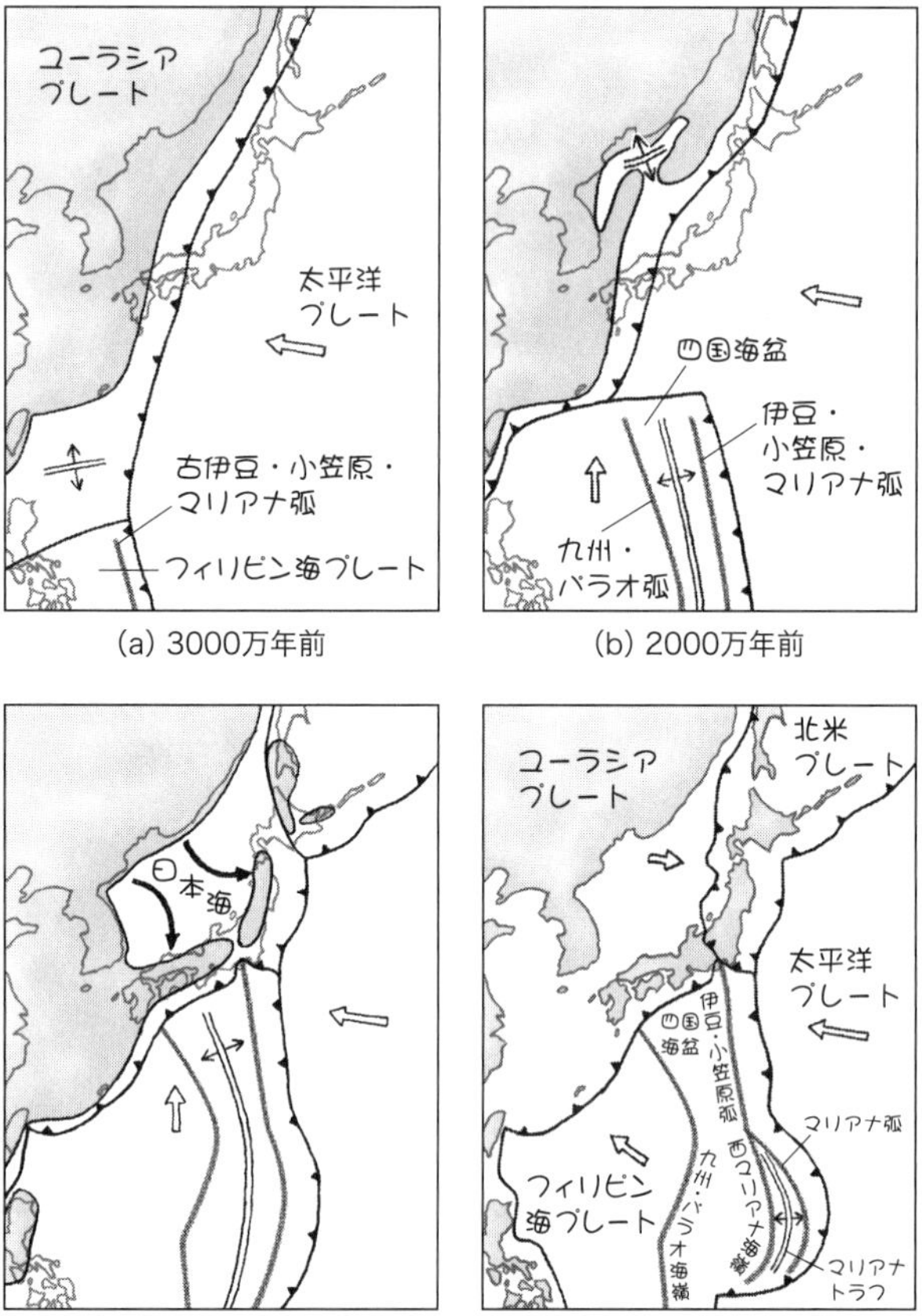

図 6-2　日本海，四国海盆の拡大と，日本列島，九州・パラオ弧，伊豆・小笠原・マリアナ弧の形成

「日本列島がアジア大陸から分裂して日本海ができたのと同じってことね！　それで、四国海盆が誕生したってわけね。違う？」

大正解である。分裂した半分は九州・パラオ海嶺として海の中に取り残され、半分は四国海盆の拡大とともに、伊豆・小笠原・マリアナ弧として、東の方へ移動したのである。そして二〇〇〇万年前には、日本海の拡大も始まったのだ（図6－2b）。ここで大事なのは、四国海盆を含むフィリピン海プレートがだんだんと北上していたことである。そして、一五〇〇万年前にほぼ拡大が終わった四国海盆は、ちょうど南下してきた西南日本とぶつかる位置にあったのだ（図6－2c）。

「あ、それでまだ熱いプレートが無理矢理沈み込まされて、紀伊半島や、なんだっけ、外帯？で超巨大カルデラや瀬戸内海でサヌカイトができたのね！　すごいじゃない！」

お前もすごいよ。福井の寿司屋での話と今日の話をキッチリつなげたのは褒賞に値する。まあ、焼アナゴと旬のキュウリの酢のものでもいただきなさい。

しかし伊豆・小笠原・マリアナ弧の進化は止まらない。数百万年前からまたまたマリアナ弧の分裂が始まった。そして、取り残された部分が、スルガ海山が座する西マリアナ海嶺となったのである。

「いまでも、大昔は同じ列島だった所で産卵しているんだから、ウナギとアナゴって、やっぱり親戚なのね。三〇〇〇万年前には産卵場所は同じ島だったのかしら？」

興味深い仮説である。機会があれば、ウナギ博士に尋ねてみることにしよう。

文句のつけようのないほど立派なウナギとアナゴを堪能したはずなのに、やはり締めがほしくなってきた。ちょっと灘五郷を飲み過ぎたせいだろうか。大将に尋ねると、アナゴ茶漬けはいかがか、とのこと。江戸前では臭いが気になるのだが、播磨灘のアナゴならサラサラといけるに違いない。出された茶漬けには、それでも粉山椒を小皿に添えてある。きっと、煎茶をかけたときにわずかに立つ臭みが気になるのなら、少し振りかければ、との気づかいであろう。あくまで素材に正直な大将に、改めて感謝である。

＊　＊

七月
鱧《ハモ》と昆布
地球大変動と生き物たち

祇園祭と天神祭のキーワード

二〇一三年の今年はもう、梅雨が明けてしまった。例年より二週間ほど早いそうだ。おかげで織姫と彦星も、年一度の逢瀬を果たすことができて、さぞやお喜びに違いない。なんとなく、この夜に天の川が見えるとほっとする。だいたい、旧暦の七月七日だった七夕を、単純に新暦に移してしまうなんて意地悪というものだ。例年なら梅雨の真っ盛りのはずである。

東京ではあちらこちらのほおずき市がにぎわいを見せるこのころ、関西はといえば、京都祇園祭の山鉾《やまほこ》巡行と大阪天神祭で盛り上がる。祇園祭は一七日の山鉾巡行がハイライトではあるが、この月いっぱいかけて行われる大行事である。なんでも交通規制が大変との理由で一度にまとめられた山鉾巡行も、二〇一四年からは本来の形、つまり前祭と後祭の二度行われることになった。一〇〇〇年以上の歴史をもつ行事を、現代人の都合で変えてしまうなどというのは不遜きわまりない。

実は、祇園祭の始まりと日本列島の変動には大いに関連がある。九世紀の貞観《じょうがん》時代には数々の地震（貞観東北沖巨大地震、京都群発地震、兵庫県山崎断層地震など）や火山噴火（富士山貞観大噴火、阿蘇山、別府鶴見岳の噴火など）が襲った。また都では疫病が蔓延して多くの犠牲者が出た。そこで時の清和天皇は、これらの祟《たた》りを引き起こしたとおぼしき疫病神（牛頭天王《ごずてんのう》）を、山崎断層近くの広峰神社から京都八坂神社へ呼び寄せてまつり立てたのである。ちなみに牛頭天王は、その蛮行ゆえに姉アマテラスを「岩戸隠れ」させた張本人、スサノオであるらしい。スサノオは、日本神話の中では、火山神、地震神の性質もあわせもっている。

ときに、祇園祭と天神祭に共通するキーワードは「鱧」である。祇園祭は鱧祭ともよばれるし、大阪の家庭でも天神さんにあわせていろいろなハモ料理が用意される。関東ではあまり馴染みはないが、なんといっても関西の文月魚はハモである。これでもう今月は、姪っ子をハモ料理に連れて行くことに決まったようなものだ。問題は、大阪に行くか京都に行くかである。せっかくだから山鉾を見せてやりたいし、行きつけの割烹の大将と、かつてハモについてある約束をしていたことを思い出して、京都を選ぶことにした。

冷房の効いた阪急電車を烏丸で降りて四条通へ出ると、京の暑さが余計にこたえる。盆地では、温度変化が少ない海に面していないために、陸地に比べて温度が上がりやすく、また風が吹きにくい。逆に冬は底冷えに見舞われることになる。こんな蘊蓄を傾けながら姪っ子と連れだって少し歩くと長刀鉾《なぎなたほこ》に着いた。お稚児さんを乗せて山鉾巡行の先頭を切る名物鉾である。

「巡行の順番は毎年同じなの？」

長刀をはじめいくつかの鉾や山の順番は固定であるが、多くのものはくじ引きで決めている。ちなみに鉾はたいがい立派で大きく、てっぺんに長刀や三日月などの「鉾頭」がついている。

そのあとせっかくなので、錦小路の焼魚屋に並ぶたれ焼きのハモの香りだけを楽しんで、室町通までもどった。この通りを上がり、たくさんの鉾や山を見ながら御池通まで歩いた。もう暑さに降参である。まだ少し早いが、タクシーに乗って金閣寺近くの割烹へ直行することにした。

ハモ――三五〇〇本の骨をもつ魚

引き戸を開けると、さすがに少し歳は重ねたが、相も変わらずの佳人女将が迎えてくれた。「いやぁせんせ、どこにこないなかわいらしい娘はん隠したはったん?」。強烈な先制パンチを食らう。玄関を上がって和風のカウンターへ向かいながら、事情を説明する。

大将も変わりなく眉目秀麗である。いまは割烹を営むが、かつてはフレンチもつくっていたという大将は、賀茂茄子焼きのバルサミコソースと伏見唐辛子の焼きマリネを出してくれた。冷たいビールとよく合う。賀茂茄子も伏見唐辛子も旬の京野菜である。賀茂茄子は丸くてきめ細かくしまった身質が特徴で、煮崩れしないし、また焼いてもあくまで滑らかである。

「ハモをいただけるというので少し調べたんだけど、ハモも梅雨の水を飲んで美味しくなるんですって?」

このころのハモは、八月の産卵を前に養分を蓄えている。元気旺盛なハモは、産卵後の体力回復は早く、秋には残りハモ、松茸ハモ、あるいは金ハモなどとよばれてわたしたちを楽しませてくれる。また脂がのった冬ハモは、梅雨明けころのものに勝るとも劣らない。

「まず牡丹鱧をどうぞ」。梅肉醤油とわさび醤油が添えられている。わたしが梅肉をやや苦手としていることを承知でのことである。

「これって、湯引きでしょう？　ほんと牡丹の花が咲いたようにふんわりときれいねぇ」

「落とし」ともいうが、骨切りしたものを、塩を一つかみ入れた熱湯にほんの五秒ほど通したあと、氷水で締める。こうすることで甘味は抜けないし、柔らかく見事な花を咲かせるのである。

「テレビで骨切りって名人芸だといっていたけど、難しいの？　これをやらないとハモは食べることができないの？」

確かにやさしくはない。包丁でジャリジャリと押し切りするのだが、薄皮一枚は残さないといけないのだ。しかもきれいな花に仕上げようとすると、「一寸三十三切れ」で包丁を入れる必要がある。一切れ一ミリメートルにも満たない薄さである。素人にはまず無理というものだ。包丁の間隔が大きくなると小骨が残って食べにくいし、皮を切るのを怖がって浅く包丁を入れただけでは花は咲かない。食べる側にすれば、小骨は厄介者である。なんでも、ハモには三五〇〇本もの骨があるという。背骨の数は同類のウナギやアナゴとそれほど変わらないのだが、六〇〇本を超える左右の小骨が圧倒的に多く、これが問題なのである。

そんな話をしていると、お約束の品が出てきた。皿に絵づけされた藍色の柄が見えるほどの薄づくりである。さっそく箸を伸ばした姪っ子は、驚いたようである。

「歯ごたえがあるし、あっさりしているのに甘いわ、美味しゅうございます！　でも、小骨はどこへいったのかしら」

これこそが、大将とわたしの約束なのだ。かつて、骨切り技の習得をあきらめたわたしは、ハモの小骨を、くの字に曲がった骨抜きを使って一本ずつ抜くことを試みたのである。しかし、それはあまりにも根気のいる、しかも難儀なことであった。そのうち、手の温もりと骨を抜く際の身切れのせいだろうか、せっかくの活ハモの身が緩んでしまったのである。結局そのハモは、出汁をとるために使うよりほかなかった。この大失敗を大将に話すと、時間があるときにハモ刺しを用意するといってくれたのだ。なんでも今日は、わたしたち二人だけのために、氷水で左手を冷やしながら一時間ほどかけて小骨を抜いたとのこと。ありがたいことだ。心していただかねば罰が当たる。

このような繊細な味の魚と合わせるのは、やはり日本酒にかぎる。この店では、高島（滋賀県）の蔵元の生酛《きもと》を飲むことに決めている。水のせいか、灘五郷の生酛と比べるとキレはないが、代わりに奥深い旨さが引き立つ優れものだ。しかもこの酒は、機械搾りではなく木の天秤を使っている。以前、蔵元を訪ねてポタポタと滴る搾りたてをいただいたことがある。あまりの深淵な味に、思わずその場に座り込んでしまった記憶がある。

「ほんと、美味しいお酒ねえ。そのキモトってなんのこと？」

酒を嗜むうえで大切なことだが、それを話すのは別の機会にした方がよさそうだ。そのときには、世界の銘酒を楽しみながら、じっくりと語ることにしよう。

「あったかいうちにどうぞ」。そういって大将が出してくれたのは、ハモの焼き霜と湯葉巻真薯《しんじょ》である。焼き霜は、皮側はややしっかりと、そして身はさっと炙ってあるので、中の方はまだレア状態である。骨切りハモを生で食すと、細かく切られているとはいえ小骨の食感が気になるのだが、炙りが入ると香ばしさと甘味がそれを包み隠してくれる。

最初は湯葉を認識できなかった姪っ子も、ハモ真薯の滑らかさには舌を巻いているようだ。

「真薯って、練りもののこと? かまぼこのもとよね」

これは白身魚としてハモを使ったもので、かまぼこの材料とほぼ同じだが、卵白に加えて出汁を使う場合が多い。一方、はんぺんには山芋が加えられている。

「ところで、京都のハモはどこから運んでくるの? 若狭? 瀬戸内海?」

ハモは生命力豊かな魚で、昔はハモの名産地であった大阪湾で捕れたものを、京まで活きたまま運ぶことができた。いまでは徳島や瀬戸内海沿岸が国内ハモの主要産地であるが、ご多分にもれず漁獲量が減少しているために、韓国や中国からの輸入ものが幅をきかせるようになった。とくに最近の韓国ものには品質のよいものがあり、京都の料亭や割烹で好んで使われているようである。しかし、なんといってもフラッグシップは淡路島の南に位置する沼島《ぬしま》から徳島で水揚げされるハモだろう。このあたりの海域は「ハモの巣」とも称される(図7-1)。

ハモと地質

「ハモってウツボみたいに岩場に暮らしているの？」

その格好からいかにもウツボ同様に岩の隙間に潜んでいそうだが、実はハモは海底に巣穴を掘って暮らしているのだ。だから、石や砂地ではなく、穴をつくりやすいフワフワの泥が溜まった海底を好むのである。ハモの巣はまさにこの条件にピッタリの場所なのだ。

「海の底の穴からあの強面をのぞかせているハモって、ちょっとキモいかも……」

確かに、大きく裂けた口に鋭い歯と強い顎。手袋をしていても、嚙まれると血が止まらないほどの深傷になるというハモが、海底から顔を出している光景は恐ろしい。

「なぜ、ハモの巣のあたりの海は

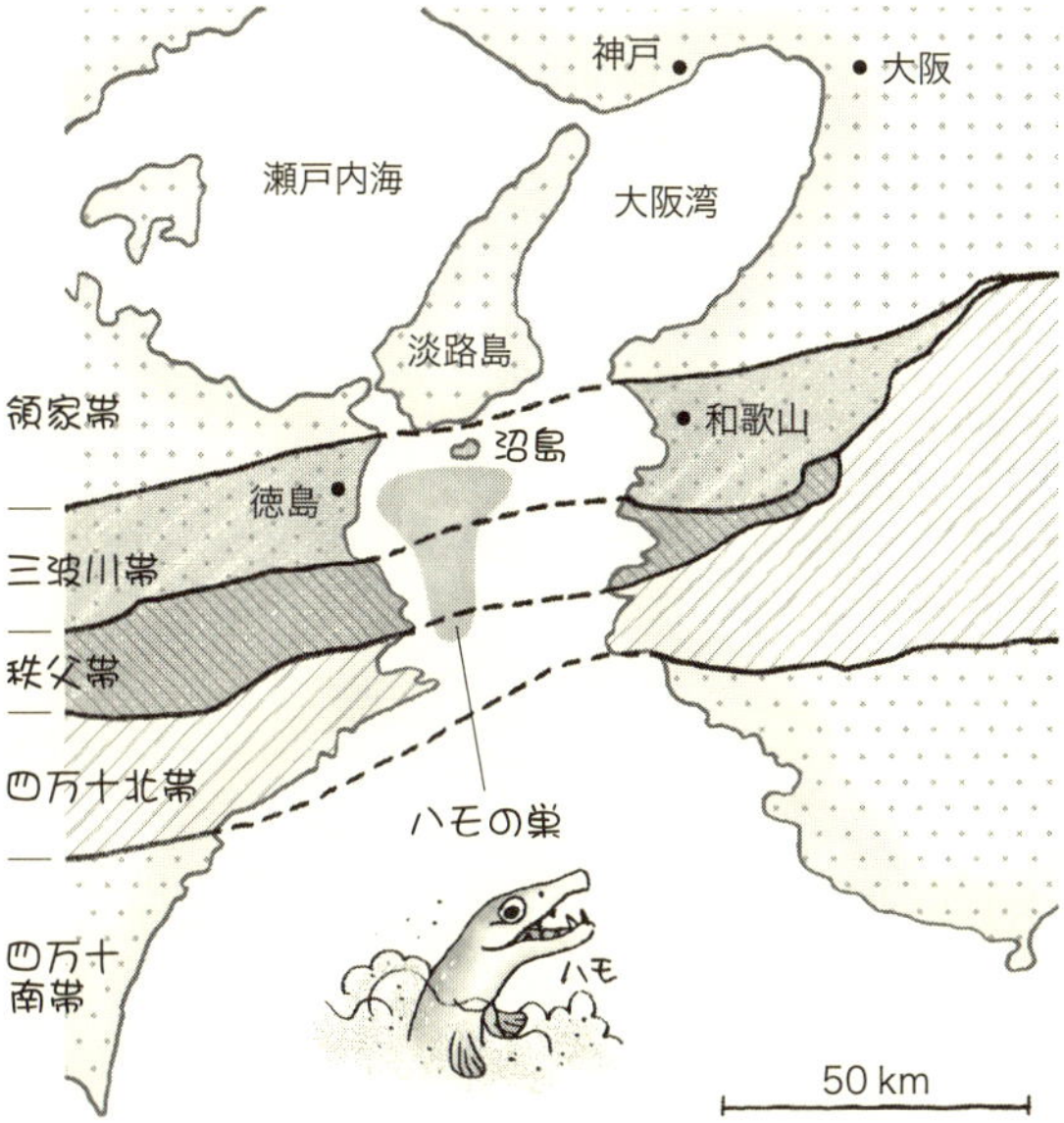

図 **7-1**　ハモの巣と三波川帯

泥なの？　播磨灘のタイやタコのたくさん捕れる所、鹿ノ背？　あそこは速い流れで海底砂丘みたいになっているっていってたよね。そうしたら、反対に沼島沖は潮の流れが弱いってこと？」

もちろんこのあたりは、鳴門や明石の海峡と比べると潮流も穏やかではある。しかし、ハモの巣となる本当の理由は、その地質にある。関西から四国・中国地方では、いくつかの地質帯が東西に走っている。これらの中で、ハモの巣の主要部分を占めているのが「三波《さんば》川《がわ》帯」とよばれるものである（図7－1）。

「三波川って冬桜の名所よね」

さすがに関東人である。群馬県藤岡市の三波川あたりは、冬桜とともに「三波石」とよばれる縞模様の美しい名石の産地である。この種の岩石は「結晶片岩」とよばれるもので、ペラペラと片状に剝がれやすい。そのために、この岩石が分布する地域は、地滑りを起こしやすいので注意が必要なのだ。そして、このような結晶片岩からなる地質帯が、関東から九州まで延々と続いている。これが三波川帯である。

「あ、そうか。剝がれやすいってことは、風化しやすいってことだし、海の中で波や流れを受けると粉々になって泥になってしまうのね！」

見事な推論である。

「どうして三波石はそんなにペラペラなの？　高校の地学で、確か千枚岩って習った気がするけど、同じようなものかしら」

高校で地学を選択したとは感心である。世界でも最も激しい変動帯で暮らす日本人が、地学を学ばないでよいわけがない。先生方には、ダイナミックな地球の営みをきっちりと伝えていただきたいものである。

千枚岩も結晶片岩(三波石)も、もともとの石が高い圧力を受けて新たに鉱物ができたり、変形を受けたりしてできた「変成岩」の仲間である。

「高い圧力って、プレートの力?」

確かにプレートの運動は、地震を引き起こしたり大山脈を隆起させたり、大きな力を生み出している。そして三波石のような変成岩をつくり出す現象(変成作用)も、プレートの沈み込みに関連している。プレートが沈み込むと、プレート自身を構成する岩石や海底でプレートの上に溜まった泥や砂は深くまで持ち込まれて、高い圧力にさらされることになるのだ。

「どれくらい深い所まで持ち込まれるの?」

また姪っ子の好奇心が目覚めたようである。いままで見つかっている最深記録は約一五〇キロメートルである。このような変成岩には、深さ一〇〇キロメートルを超えないとできないダイヤモンドも含まれている。

「え、ダイヤモンド!　三波石にも入っているの!」

この宝石名を聞くとたいがいの女性は色めき立つ。しかし、残念ながら三波川帯には見つかっていない。ここの岩石は五〇キロメートルちょっとの深さにしか達していないのだ。

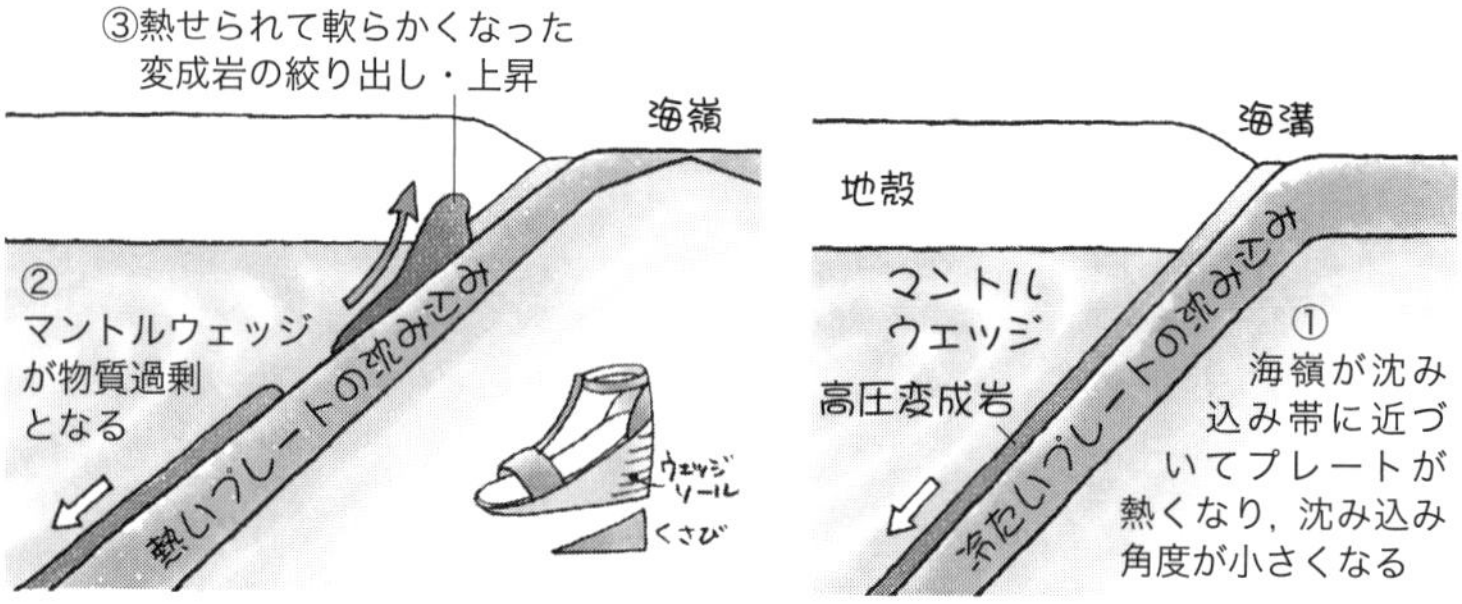

(b) 熱い沈み込み帯　　(a) 冷たい沈み込み帯

図 7-2　高圧変成岩が地表に持ち上げられるメカニズム

「なぁんだ、その程度なの……。ダイヤモンドは出ないんだ……」

いたく残念なようすである。しかし、すぐに復活するところがこの娘のよい所だ。現在の地球科学にとっても最大級の謎の一つに切り込んできた。

「でも、深い所まで持ち込まれた岩石が、なぜいま地表にあるわけ？　地殻変動のせい？」

地殻変動だといったところでなんの答えにもならない。なぜそのような変動が起きるのかをちゃんと説明しないと、単なる棚上げにすぎない。いったん深い所まで持ち込まれた物体を地表まで持ち上げるには、なんらかの力が必要である。この力について、最もありそうだと考えられているのは、図7－2に示すようなモデルである。沈み込むプレートとその上盤の地殻ではさまれた三角形の部分をマントルウェッジとよぶことは、前にも話した。

「ウェッジって、たしか楔のことだったわね！」

プレートは、海嶺が沈み込み帯に近づくと沈み込み角度が小さくなる（図7－2a→図7－2b）。プレートの沈み込み角度が小さくなると、このウェッジの部分がせまくなる。つまり、もともとそこにあった物質の一部をどこかへ持ち去らないと辻褄が合わない。では、どの部分がどこへ運び出されるのか？　これは、プレートの沈み込み角度が小さくなる原因と大いに関係がある。角度を小さくするにはプレートが軽くならないといけない。つまり、若くてできたての熱い（密度の小さい）プレートが沈み込むようになったわけである。プレートをつくり出している海嶺が沈み込み帯に近づいてきたのだ。このような状況下では、プレート上面付近で形成される高圧変成岩は、以前より温度が高くなり、したがって流れやすくなる。だから、この部分が過剰物質としてマントルウェッジから絞り出されて地表へと持ち上げられるのだ（図7－2b）。

「なんだか調子のいい説ねぇ。三波石に温められた証拠でも残っているの？」

もちろん。単に都合のいいモデルを唱えているのではなく、石に記録された温度や圧力を丹念に読み解いた証拠に基づいているのだ。しかしまだその証拠も完全なものではなく、確かに調子がいいといわれても仕方がないところもある。今後の進展に期待したい。

「そうなの……。地球科学者ってのもいろいろ大変ね。まあ、とにかくわたしたちはそんな地球の大変動のおかげで、美味しいハモをいただけるんだから、得した気分！」

妙な納得の仕方である。これでおとなしくなるのかと思ったのだが……。

「ちょっと待って！　どこか変な気がする。海嶺が沈み込むっていったわよね。海嶺って、プレートをつくっている所で、マントル対流の湧き出し口でしょう？　それで、沈み込み帯がマントルやプレートが落ちていく所。だとすると、海嶺が沈み込むってことはおかしくない？　マントル対流はどうなっちゃうの？」

まったくよいところに気がついたものだ。確かにかつて、海嶺と沈み込み帯はそれぞれ、マントル対流の上昇流域と下降流域に対応すると考えられていた。これが事実だとすると、海嶺が沈み込むことなどありえない。いまは、プレートを動かす原動力は沈み込むプレートが引っ張る力であることを知ってもらっておいて、くわしくはまたの機会に話すことにしよう。ちょうど、ハモしゃぶの用意もできたようである。

コンブのアメリカ進出

ちょうど収穫時期だからだろうか。今夜のしゃぶ鍋には、淡路島特産の新タマネギがたっぷり敷きつめられている。ハモの頭や骨を焼いて昆布出汁に加えてあるのだろう。香ばしいハモの味も出ている。

「うわぁ、美味しいお出汁！　昆布とハモの香りにタマネギの甘味が相まって、まったりしていて、これだけでも十分ね」

まず出汁をいただくなんて、関西の出汁文化に馴染んできたようである。

「大将、この昆布出汁はお水からとるのですか？」

以前に簡単かつ最強の出汁の取り方は教えたはずだが、やはりこれだけの出汁を口にすると気になるのであろうか。この割烹の鍋物では、沸騰前のお湯に利尻昆布をくぐらすだけとのこと。家庭ではとても真似できない、贅沢のきわみである。

「出汁昆布はやはり利尻がよいの？」

なんといっても利尻は最高だが、出汁に少し色がつくこと、そして何より高価なのが難点である。そこでわが家では、普段は真昆布を愛用している。

「この間テレビで、アメリカ西海岸のジャイアントケルプの森の映像が流れてたわよ。あんなに大きいコンブがゆらゆらとたなびく姿は圧巻だったけど、あれは利尻や真昆布とは別の種類？　出汁昆布には使えないのかな」

カリフォルニア産のコンブは試したことはないが、おそらく使えないのだろう。ただ、日本コンブと北米コンブは非常に近い親戚のような種類である。従来、コンブは北極海にそのルーツがあり、南へ広がりながら進化したと考えられてきた。しかし十数年前に、日本と北米コンブの共通の祖先（コンブモドキ）が北海道の厚岸湾《あっけし》で確認されたのだ。このことは、北米コンブが日本からはるばるカムチャツカ半島、アリューシャン列島を伝って北米へと分布を広げ、進化したことを意味する（図7－3a）。

「アジアからアラスカ経由でアメリカ大陸へ進出したって、まるでモンゴロイドみたいね。彼らは一万数千年ほど前に北米大陸進出を果たしたらしいけど、コンブはいつごろなの？」

その年代は、正確にはわたしたち日本人を含む現在のモンゴロイドの祖先である「プロトモンゴロイド」が、陸化したベーリング海峡(ベーリンジア)を越えた時期であるが、まあ、いろんなことをよく知っている娘だ。また、それとコンブを結びつけるところがよい。コンブモドキの北米進出

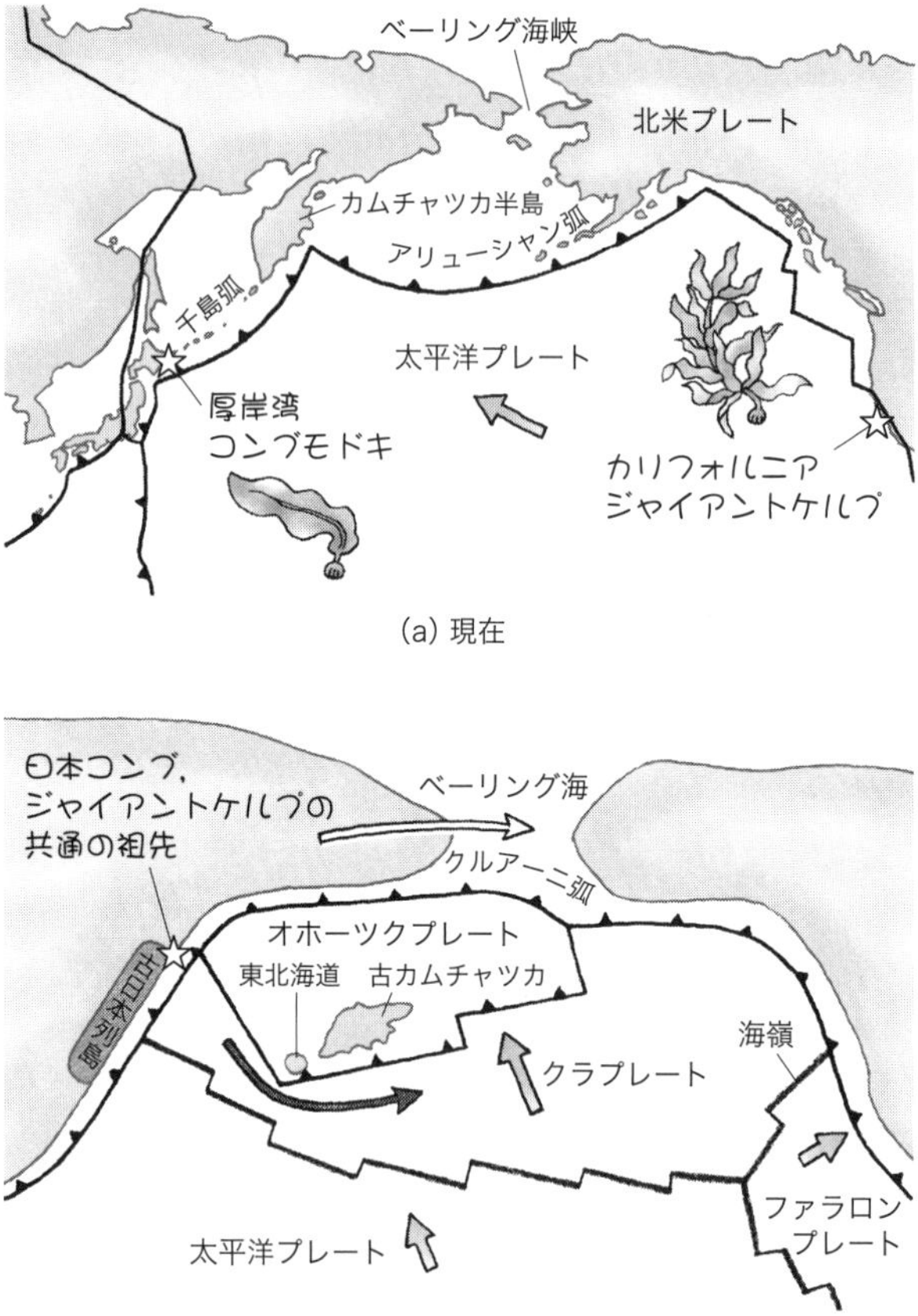

図 **7-3** 昆布のたどった道. (b)の⇨は北回り, ➡は南回りの可能性を示す

時期は、いま専門家たちの間でちょっとした話題になっているようだ。同僚のコンブ博士に聞くと、数千万年前より古いことのようである。

「そんなに昔なら、アリューシャン列島なんか無かったかもしれないじゃあないの！」

アリューシャン列島がいつできたのかはまだよくわかっていないが、おおよそ四〇〇〇万年くらい前のことらしい。コンブモドキの北米進出と比べると、少し新しすぎるような気がする。そこで、もう少し古い時代のようすを考えてみると、どうやら六〇〇〇万年くらい前にはコンブモドキが北米進出を果たすことができた可能性があるようだ。それまでのベーリング海は大きな海であったのだが、六〇〇〇万年くらい前にプレートの沈み込みによってクルアーニ弧とよばれる諸島が形成されたのだ。この北回り経路のほかに、もう一つ可能性がある。それは、現在の東北海道やカムチャツカ半島はオホーツクプレートという、いまはなきプレートの上につくられ、それが北上してアジア大陸にくっついたことに関連する(図7-3b)。これらの諸島を伝っても、南回りでコンブモドキは北米進出が可能なのである。

「コンブの北米進出の裏に、そんな途方もない変動があったのね！」

地球が生物を育むだけでなく、生物のおかげで地球の進化の道筋が変わったこともある。たとえば、二十数億年前に光合成を行うシアノバクテリアが海の中で大繁栄をきわめたおかげで、この星は酸素に満ちた大気をもつようになった。まさに、地球と生命の共進化である。

ハモしゃぶは皮を数秒、そして身をさっと湯に通すのがよい。女将さんが豆腐すくいをもってきてくれたので快調にしゃぶができる。出汁と相まって、また湯引きとは違う美味しさである。せっかくこれだけの出汁があるのだから締めはどうなるのかといらぬ心配をしていたが、小豆島の手延べ素麺がでてきた。にゅうめんにして同じく小豆島の醤油と塩をほんの少し加えた出汁でいただくと、タマネギの甘味が加わり至極の逸品である。たっぷりと散らした九条葱もよく合う。

＊　＊

店の前からタクシーに乗って次の角を曲がるときに振り返ると、まだお辞儀の大将と手を振る女将が見える。思わず手を振りながら、いつもながらのおもてなしに感謝である。姪っ子も車中でペコンと頭を下げている。

八月 ぐじと鯖——沈み続ける若狭湾

御食国から運ばれるぐじとサバ

今夜は、みなとこうべ海上花火大会。本を読んでいると音が聞こえだしたので、いそいそとビール片手に家のベランダに出てみた。今日も真夏日だったせいか、夕暮れどきの「瀬戸の夕凪」にはちょっと辟易する。わが家の標高は一五〇メートルくらいだから、下界よりは一度ほど涼しいはずと自分に言い聞かせるが、それで暑さが和らぐわけではない。別府や川崎に住んでいたころには、花火の開花と同時に音と震動を感じたものだ。それはそれでなかなか迫力があるのだが、開いてから十数秒遅れてドーンという音が聞こえるのも乙なものである。

花火を眺めていると、なんとなく少年時代の夏休みを思い出した。毎年八月一日は、実家近くの大和川の堤防へ、ＰＬ教団の花火を見に行っていたからであろう。小学生のころはその花火が終わると、決まって若狭小浜の宇久という所へ一週間ほど出かけていた。親爺が運転する小さな車で家から五時間以上かかっただろうか。小浜を過ぎて、もちろん舗装などされていない急な山道を越えると、わずか一〇軒ほどのこぢんまりした漁村に着く。そのころはまだ「民宿」という概念も制度もなかった。だから、そのお家の中学生のお兄ちゃんと一緒に寝るのが楽しみだった。

お兄ちゃんは日に焼けてたくましく、艪《ろ》を使って伝馬船が漕げたし、泳ぎも潜りも上手だった。教えてもらったように素潜りをすると、思ったより簡単にサザエがいっぱい捕れたものだ。そのつぼ焼きを一〇個ほど食べたときには、夜中に気分が悪くなった。お兄ちゃんの船から海へ飛び込んだ途端に「イラ(アンドンクラゲ)」に刺されて腕がミミズ腫れになったこともあった。防波堤を埋めつくすフナムシに驚いた夜、その大群に襲われる夢を見て大泣きしたときには、お兄ちゃんが優しく背中をトントンしてくれたので、安心してまた眠りについた。次々と記憶が蘇ってくる。そういえば、生まれて初めて「ぐじ(甘鯛、尼鯛)」を食べたのもお兄ちゃんの所でだった。パリパリとした鱗の食感とつるっと柔らかい身が印象的だった。優しい顔をしているからアマダイ(尼鯛)とよぶとお兄ちゃんが教えてくれた。そういわれてみればその横顔は、どことなく家の近くにある寺の庵主《あんじゅ》さんに似ている気がしたものだ。もっともこの名の由来については、本当の所はよくわからない。

そういえば、久しくぐじを食べていないことに気がついた。本当は冬の方が脂がのってうまいのだが、なにせ冬の日本海は荒れるので手に入りにくくなる。そこで京都では昔から夏によく食されてきた。それに、浜汐(獲れたての魚に塩をした)のぐじを若狭から運ぶとちょうどいい具合に食べごろになるのだ。京の都で食された鮮魚は、主に若狭と大阪湾から運ばれた。なかでも若狭は「御食《みけつ》国《くに》」とよばれ、さかんにサバなどが運ばれたものである。サバもぐじ同様、一汐してから運ばれたようだ。それで、若狭の基点である小浜と京を結ぶ街道は、「鯖街道」とよばれるようになった。主要な街道は小浜から熊川宿、大原を経て京へ入る若狭街道であるが、ほかにも花背、鞍馬を経て最短距離で京へ向かう小浜街道や、西から回る周山街道もよく使われた(図8-1)。いずれもなかなか趣のある街道である。子どものころに小浜へ通った道は、いまにして思うと若狭街道であったような気がする。

図 **8-1**　鯖街道

しかしぐじをいただくとなると、またあの鍋の底のような京都の暑さに立ち向かう覚悟が必要だ。とても一人で乗り込む勇気はないので、姪っ子も道連れにすることにした。

ぐじづくし

「あれっ、ここは前に連れてきてもらったおでん屋さんの筋よね!」

初めて食すことになる魚への好奇心か、それともわたしから何度も店の名を聞かされてきた期待感からか、この暑さをものともせずスタスタ歩いていた姪っ子が、足を止めた。よく覚えているものだ。その割烹は、木屋町沿いにある。わたしが一番信用しているお店の一つだ。

今夜もいつものように、大将の前の席だ。わたしがまああの料理をつくることができるのも、この席のおかげである。魚のさばき方、野菜の切り方に始まって、煮もの加減なども、もちろん足下にもおよばないが、大将のやり方を見て覚えたものだ。冷たいビールに芋茎《ずいき》のシャキシャキした食感と胡麻酢の香りがよく合う。蓴菜《じゅんさい》の緑も涼しげである。福井のお弟子さんの店でいただいたこしびの話などをしていたら、ぐじのお刺身と昆布締めがでてきた。もうビールはやめにして冷酒にしないといけない。

「なんて上品な甘さなの！　絶対にこの味がアマダイって名前の由来に違いないわ」

姪っ子は早くもテンションが上がったようだ。ぐじは一汐して一晩おくことで水気が抜けて身が締まり、そしてうま味が増す。これを生でいただくと、独特のねっとりした食感もたまらない。以前、博多の割烹で釣りたてのアマダイを食べたことがある。ぐじ（アカアマダイ）より脂がのって美味しいという人もあるシロアマダイだった。これだけ活きのよい魚は、そのまま刺身にするのが一番だと親爺がいうので、素直にしたがった。しかし、それは明らかに期待はずれだった。水っぽくてグニュグニュしているうえに、甘さももの足りない。明日また来るからと親爺に掛け合って、塩をしておいてもらった。果たして翌日、アマダイは見事にぐじへと変身していた。

続いて焼きものである。鱗をつけたままのぐじの焼きものは、若狭焼ともよばれる。おそらく、鱗をはずさずに食べることができる魚はそれほど多くない。しかし、ぐじのそれは見事である。

「鱗の香ばしさとほくほくの身がたまらないわね〜。う〜ん、鱗つきの美味しい魚のポアレをナポリで食べたような気がする。叔父さんも知ってるでしょう？　あの卵城の前のレストラン！　違うかしら」

そんな所へも行ったことがあるのか……。しかし、イタリアンならばポアレではなくフリットゥーラであろう。わたしはサンタルチアではアマダイを食したことはないが、シチリア島カターニャの魚市場にアマダイが並んでいたのは覚えている。だから、ナポリで若狭焼が出ても不思議ではない。ナポリ焼とでもよぶのだろうか。それはそれできっとオリーブオイルでカリカリになった鱗とソースがマッチしておいしいに違いない。でも、若狭焼は浜汐でうま味倍増なのである。しかもこれを強火の遠火で焼き上げる。おいしいに決まっている。

「でも、家で炭をおこすのは大変だし、魚グリルでは遠火にできないじゃないの。やっぱり家ではポアレやムニエルにする方がよいの？」

大丈夫。鉄のフライパンを空焼きにして、串をうった魚を渡して焼けばよい。フライパンが発する放射熱で皮はぱりっと焼け、火加減も簡単だしむらなく中身まで火が通る。

あっという間に皿の上が骨だけになったときに、絶妙のタイミングで酒蒸しが出てきた。湯葉が添えられているところが京都らしい。また、壬生菜の緑も鮮やかで、すり柚子の香りもよい。

「鯖街道って、本当に京都にとっては生命線なのね。でも、若狭湾ってなんか不思議な格好をしてるよね。列島がここで括《くび》れてるような感じがする。琵琶湖もあるし、伊勢湾も入り込んでいるし……」

ぐじ三昧でゆとりが出てきたのか、また日本列島に対する好奇心が湧いてきたようである。

若狭湾－伊勢湾沈降帯

「そういえば、かつて若狭湾から琵琶湖経由で伊勢湾まで運河をつくろうとしたって聞いたことがあるけれど、本当なの？」

いかにも、日本横断運河とか中部運河とよぶ大運河建設計画が、おりしも高度経済成長期の一九六〇年代に立てられたことがある。岐阜出身の大物政治家が推進したものであるが、彼の急死などによって、計画は頓挫した。もっとも、列島が括れた場所に運河をつくり、世の中を活性化しようとする企みは、平清盛や江戸幕府、明治政府なども検討したそうである。

「でも、どうしてこの場所で列島が括れているの？　若狭湾の原発の下に活断層が走っているとかいわれているじゃない。断層がいっぱい走っていて地盤が沈んでいるのかしら？」

括れたような地形と沈降運動、それに断層運動を関連づける洞察力には恐れ入る。活断層の正確な位置や活動状況は別としても、若狭湾や伊勢湾が沈み続けているために断層が発達していることは事実であるし、琵琶湖が存在することもこの沈降現象の表れである。

「このあたりが沈むってことは、周りが盛り上がっているってこと？　もう覚えたわよ、アイソスタシーでしょ！」

なんだか自慢げであるが、残念ながらこの地域は「相対的に」沈降しているのではなく、正真正銘沈みつつあるのだ。その原因は、ずばりフィリピン海プレートの沈み込みにある。

「えっ、だってフィリピン海プレートは南海トラフ沿いにずっと沈み込んでいるでしょう？　そのことと、若狭湾-伊勢湾沈降帯と何が関係しているのかしら」

それは、沈み込むフィリピン海プレートの形が関係しているのだ。このプレートはまだ若くて温かいために、太平洋プレートのように重くはない。したがって、それほど急角度でマントルへと潜り込むことができない。平均すると二五度といったところだろうか。ところが、伊勢湾から若狭湾の地下では、この角度がもっとずっと小さくなっているのである。

「へぇ、こんなにもプレートって波打っているのね。なぜ？」

残念ながらそれはよくわからない。

「そっか、わからないのなら仕方ないけど、なぜプレートの沈み込み角度が小さくなると、その上の地殻は沈むわけ？」

おかみさんにメモ用紙と鉛筆を借りて、絵を描いてみることにする（図8-2）。硬いプレートがねっとりと軟らかいマントルに沈み込むと、プレートの表面付近にはマントルがまとわりついてプレートに引きずられていく。そして、この引きずられていった部分を補うように、マントルの深い部分から物質が流れ込んでくる。このような流れを「補償流」とよぶ（図8-2a・b）。プレートの沈み込み角度が大きいと、この補償流は海溝近くのマントルまで達する。図の地点P、たとえば兵庫県から大阪湾、紀伊半島に相当する場所の下のマントルには補償流が到達している。ところが、角度が小さくなると、補償流が入り込む隙間が小さくなってしまう。すると海溝からの距離が地点Pと同じ地域(若狭湾から伊勢湾)では、補償流が届かなくなり、マントルは一方的にプレートに引きずられてしまう。マントルが下向きに引きずられるために、その上にのる地殻も沈むのである。

「なんとなく、わかったような気がする。とにかく、プレートが沈み込み始めたあたりでは、プレートに引きずられてその上にある列島の地盤が沈むってことよね！　沈み込み帯って、盛り上が

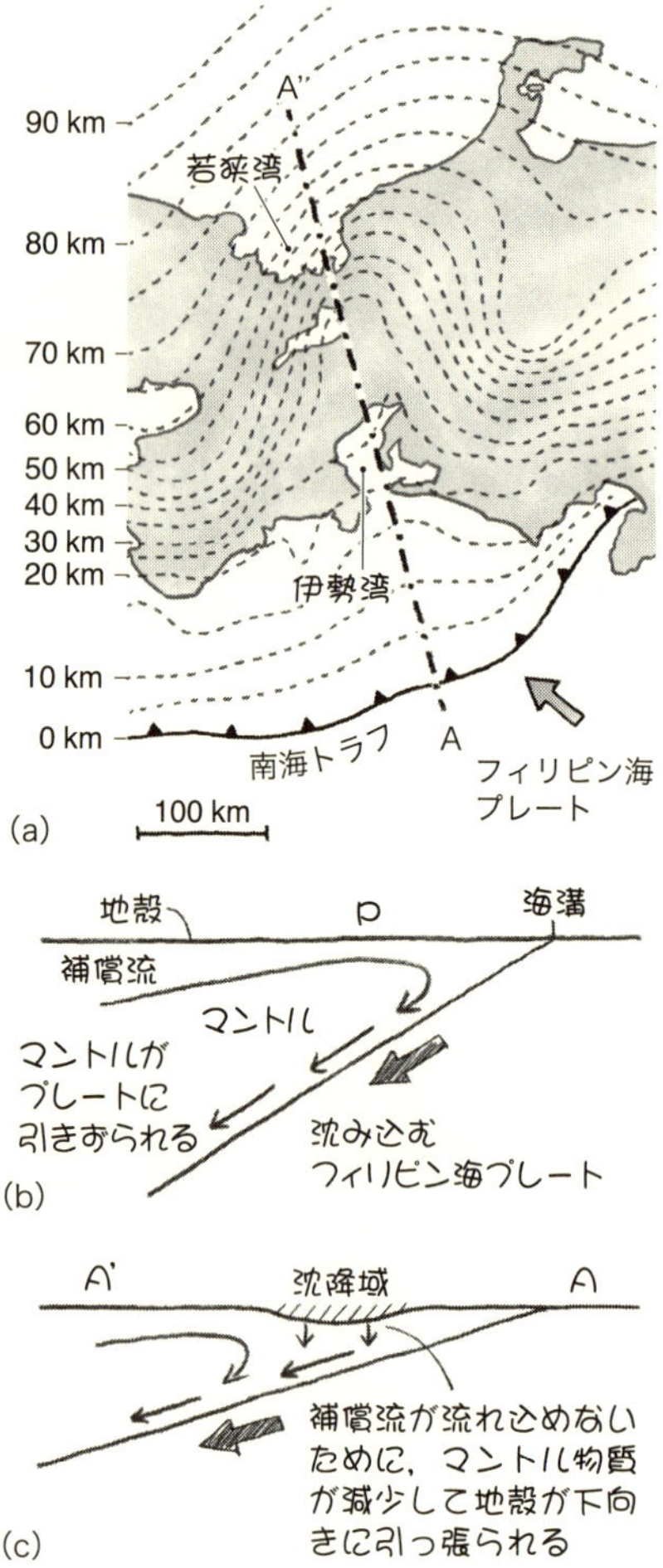

図 8-2　沈み込むフィリピン海プレートの形成と若狭湾－伊勢湾沈降のメカニズム．(a)の点線はフィリピン海プレートの等深線を，数字はその深さを南海トラフを0として示す

ったり沈んだり、大変ねぇ。ま、そのおかげっていえばおかげで、ぐじやサバをいただけるんだからね。ところで、鯖寿司の前に、京都のだし巻きをいただきたいな!」

東京でだし巻き(玉子焼き)というと、蕎麦屋では蕎麦つゆ、寿司屋では醬油、それに砂糖が入っていて濃厚で甘い。これはこれで日本酒とよく合うのだが、関西、とくに京都では、出汁と少量の塩しか加えない。これがまた、出汁の香りと塩の甘味がたまらない逸品なのである。かつてだし巻きがうまくつくれるようにと、熱が伝わりやすい銅製、しかも手打ちの玉子焼き器を買い求めたことがある。しばらくすると油も馴染んで腕も少々上がって、ふんわりしただし巻きをつくれるようになった。そんなころ、オール電化のマンションに移るとこれが使えなくなったのである。いまではアルミや銅にも対応したIHヒーターもあるようだが、そのときは泣く泣くスナックのママに譲ってしまった。

鯖寿司と魚の熟成

そろそろご飯ものかと思っていると、まるではかったかのように鯖寿司のお出ましだ。伏見唐辛子のじゃこ煮の小鉢が添えてある。この京野菜は、その名の通り伏見あたりで栽培されていたもので、唐辛子とはいうものの辛くはなく、むしろ甘い。やや大きめの万願寺唐辛子もよく出回るようになったが、これは舞鶴が発祥の地で、伏見とアメリカ・カリフォルニア州のハーフである。

「これが鯖寿司かぁ、立派な姿寿司ねぇ。この間、職場の近くでランチにバッテラを食べて美味しかったけど、四角かった」

　適切な認識である。大阪が本場のバッテラは、一汐サバを酢締めしたあとそぎ切りにして押し寿司とする。だから四角い断面になるし、身の厚さは薄く均一である。

「サバって寄生虫がいるっていうけど、酢で締めるのはその対策？」

　福井で教えたような気がするが、寄生虫とはアニサキスである。これが胃の粘膜に食い込み、七転八倒の痛みを引き起こすのだ。厄介なことに、連中は酢締めではびくともしないのである。

「えっ、それじゃあ締めサバでも安心できないの？」

　その通り。火を通したり冷凍することでアニサキスを退治できるが、生食には覚悟が必要となる。この寄生虫はたいがいサバの内臓に巣くっているが、宿主が絶命すると筋肉へ移動を始める。だから、釣りたてのサバ、しかもすぐに内臓を取り出したものは大丈夫である。もちろん若狭の浜汐サバはこの条件を満たしている。要は、いくら新鮮でも魚屋に並ぶ丸物は、焼くか煮ることである。

「でも、関サバってブランドサバは、お刺身が美味しいっていうじゃない！」

　確かに、わたしも大分県民であったころは、よく食したものである。あの味は忘れがたい。大分のみならず九州では、サバの刺身はポピュラーなのである。完全に実証されたわけではないようだが、対馬海流系のサバに潜むアニサキスは内臓に留まる種類のものらしい。また関サバのように回遊しない「根付き」には、もともとクジラなどの外洋性の海洋ほ乳類を終宿主とするアニサキスそのものがいないという報告もある。サバ好きには非常に重要なことであるので、一刻も早い科学的な解明を期待したい。

「魚は絞めてすぐより熟成させた方が美味しい、っていってたじゃない。だとすると、サバも刺身より一汐で一晩くらい置いた方が美味しいわけね」

もちろん個体差はあるが、一般的にはそうだ。だから、鯖街道で運ばれてくるぐじやサバがうまいのである。そもそも熟成とは、うま味成分のイノシン酸をつくり出すことである。この成分の元となるのが、生物が運動するエネルギー源であるＡＴＰ（アデノシン三リン酸）という物質だ。この物質は生物が呼吸している間、つまり生きているうちはつくり続けられる。そして死後は、イノシン酸、そしてさらには腐敗成分へと変化する。

「つまり、活けづくりというのはまだイノシン酸が増えていないってことね。よくテレビで、漁船の上で釣りたての魚をさばいて食べて、「やっぱり新鮮な魚は違うね」っていってるけど、あれはイカサマなのね！」

まさにその通り。マスコミには、きちんと日本の食文化のすばらしさを伝えてほしいものだ。ついでに、一本釣り、活け絞め、神経絞めについても話しておこう。イノシン酸を最大限に引き出すためには、もともとＡＴＰを多く含む状態から熟成させることが必要である。網でごそっと捕獲して、そのまま魚を「悶絶死」させると、苦しむ魚の身の中でＡＴＰが消費されてしまう。これではうま味成分の増加は期待できない。一方、釣りものをすぐ絞めてやると、ＡＴＰは減少しないのである。さらに、魚は絞められたあとでも脊髄の神経が生きており、ピクピクと動くことでＡＴＰを消費する。これを防ぐのが神経絞めの技である。同じ豊後水道のサバでも、関サバが対岸のものと比べて圧倒的にうまいのは、このようにサバをていねいに扱っているからだと、別府で馴染みだった魚屋の親爺が自慢していた。

＊　＊

この店を訪ねた折にはおおかたタイのあら煮をいただくのであるが、この時期のタイは産卵のために身が落ちているし、今夜はもう若狭ものでお腹がいっぱいになってしまった。それに、まだ飲み続けると、神戸まで帰る気力を失ってしまいそうである。かといって、駅へ向かうにはまだ少々早い気もする。そこで、せっかく京都まで来て若狭ものを堪能したのであるから、鯖街道の終点を訪れることにした。

半時間ほど鴨川べりを上がると、高野川と賀茂川の合流点、いわゆる「鴨川デルタ」に着く。このあたりが出町柳とよばれる所で、ここが鯖街道(若狭街道と小浜街道)のターミナルである。橋のたもとには「鯖街道口」と記した石碑が立ち、昔ながらの商店街の路上には、しゃれたプレートが埋め込まれている。そしてなんと、わたしの学生時代にやっていた珈琲店が、まだ昔のままにある。あまりの懐かしさにふらふらと店に入って、姪っ子にもすすめて水出しコーヒーを飲んでしまった。

九月

蕎麦《そば》と鮑

火山の恵み

新蕎麦の季節？

もうすぐ彼岸だというのに、残暑というにはあまりにも酷な日和が続いている。それでも街の蕎麦屋には、お決まりのように「新蕎麦」のステッカーが貼られている。最近のテレビでも、グルメ気取りのタレントが「やっぱり新蕎麦は違うね〜」と、わけのわからないことをいっていた。これは二重におかしな話である。まず、その店は新蕎麦のころ以外はうまい蕎麦を出していないということになる。そもそも蕎麦屋失格である。次に、新蕎麦は昔から「秋新」、つまり一〇月末から一一月になってから出回る本州ものと決まっている。九月ものは北海道のキタワセソバである。そんなことをいうなら、春蒔き蕎麦が収穫される七月にもステッカーを貼るべきであろう。また南半球にあり、日本とは季節が逆転しているタスマニアからも良質のものが入ってきているご時世だ。

こんなことを思いながら、買い物袋をさげて坂を登って家に着くころにはもう汗まみれである。なんとなく不機嫌になってきた。そのとき入口で宅配便のお兄さんに声をかけられた。ちょうど冷蔵便を持ってきたところだという。北海道の友人からだった。いそいそと部屋に入り開けてみると、「石臼挽き打ちたて夏新です」という付箋と、たっぷりと打ち粉をまぶした蕎麦が入っていた。破顔一笑とはこのことか。昔から凝り性ではあったが、遂に自宅に石臼を構えたらしい。石臼はゆっくり挽くので温度が上がらず蕎麦の香りが飛ばない。友だちは大事にしなくては……。明日にでも明石の焼きアナゴを送ることにしよう。

姪っ子とは阪急六甲で待ち合わせて、八〇〇年以上の歴史がある八幡神社を抜けて坂を下った。このあたりには、なかなかの洋食屋さんがさりげなく店を出している。つれあいによると、たいていの店は赤坂の有名フレンチよりはるかにレベルが上だという。だいたい、六甲から御影、岡本、そして芦屋あたりは、洋食のレベルが高いようだ。でも、今夜は洋食屋ではない。なにせ、蕎麦を湯がいてもらわないといけない。いくらなんでも蕎麦屋にお願いするのは失礼だし、割烹という雰囲気でもない。そこで思いついたのが、麺好きの大将が営む店である。自分で打つわけではないのだが、あちこちからうどんや蕎麦、それにパスタを手に入れて出している。ただし、メインは貝料理である。

蕎麦談義

蕎麦を渡してカウンターに座るとすぐ、オクラとみょうがの酢のものと、白バイの煮付けが出てきた。よく似た仲間のツブ貝では、唾液腺に含まれるテトラミンによる食中毒が心配であるが、白バイならば心配無用だ。この貝はエッチュウバイガイという名で、金沢あたりではよく食される。ただし、名前の由来となった富山（越中）では捕れないそうだ。身も肝も美味である。この店ではいつも、まずはキリッとした白ワインを飲むことにしている。今日はニュージーランド、マールボロのソーヴィニヨンブランでいこう。

「最近、おしゃれ～な蕎麦屋さんが多くなったけど、もともと蕎麦屋は飲み屋みたいなものだったんでしょう?」

東京の下町にはまだその面影を残している所もあるが、そもそも蕎麦屋は、焼き海苔、板わさにだし巻き、鴨焼きなどを肴にして辛口の日本酒をきゅ～っとやる庶民の憩いの場だった。それがバブルのころからか「手打ち蕎麦＝高級＝お洒落」の風潮が広がり、妙なこだわりの店が増えたようである。だいたい、そんな店にかぎってデタラメなことをいうのだ。ある気取った蕎麦屋では、コシにこだわっていると自慢した。喉越しのことかと聞いたら硬さだという。麺類のコシとはもちっとした噛み応えのことであり、これは小麦や大麦に含まれるタンパク質の一部が水と反応してつくるグルテンが原因である。しかしソバにはこのタンパク質は含まれない。もしもコシのある蕎麦を提供するというのなら、それは大方がつなぎ粉でつくったものに違いない。ひょっとしたら、コシと硬さの区別もつかずに、茹で足りないソバを蕎麦と偽っているだけなのかもしれない。

「グルテンねぇ。じゃあ、どうしてうどんには塩を入れるのかしら」

塩を入れることでグルテンの構造が引き締まり、生地の弾力性が増すからである。茹でるとグルテンが壊れやすくなるので、あらかじめしっかりとした構造にしておくのだ。

「じゃあ、パスタを茹でるときに塩を入れるのはなぜ?」

その理由は二つ。まずは味つけの役割。パスタの原料となるデュラム小麦はグルテンとなるタンパク質が多く含まれているので、生地づくりの過程で塩を入れなくともコシがでる。しかしこれだけでは味がそっけないので、塩味をつけるのである。もう一つは、日本特有の事情だ。それは、一月に話したように、日本は軟水の国であることに由来する。グルテンは硬水で茹でると壊れないが、軟水では破壊されてしまってとてもとてもアルデンテにはならない。そこで擬似硬水とするために塩を加えるのだ。だから、日本でパスタをつくるなら、大量に塩を投入した湯で茹でて、そのあと熱湯で塩を洗い流すのがコツである。もちろん、エビアンやヴィッテルなどの硬水を使えばよいのだが、ちと高くつく。このことは、シチリアと日本で同じパスタ(乾麺)を使って試した「実験結果」である。

「ところで、ソバの名産地といえば蔵王や開田高原、それに戸隠……。みんな山の上よね。これには気温が関係しているのかな」

いかにもソバの生育には冷涼な気候が必要である。その意味で山間部は適している。また、やせた土壌が必要といわれることもあるが、むしろやせた土壌でも育つというべきであろう。やせた土壌とは、食物の生育に必要な成分、たとえばリン酸やカリウム、窒素などの成分に乏しいということである。日本は火山国であり、火山から噴出した火山灰からなる土壌では、土壌中のアルミニウムとリン酸が強く結合して、植物はリン酸を取り込めない状況になる。したがって火山性の土壌は、一般に作物栽培には適していないがソバは育つ。つまり、気候と土壌の条件が主な原因となって、火山地域(図9-1)でソバの栽培がさかんに行われたと考えられる。

「しかしまあ、日本にはたくさんの火山があるものね。いったいいくつあるの？」

活火山は一一〇である。地球上には約一五〇〇の活火山があるといわれているから、その約七％である。ちなみに日本の国土は、地球表面の〇・一％にも満たない。

「そんなに火山が密集しているの！　じゃあ、休火山や死火山も入れると火山だらけね？」

やはり、かつての悪習が依然として幅を利かせているようだ。以前は、現在活動しているものを「活火山」、現在は活動していないが活動記録のあるものが「休火山」、活動記録がない火山を「死火山」と呼んでいた。しかし、火山の寿命は人間の歴史よりはるかに長いのだから、記録の有無を火山活動の判断基準とすることはまったく不適切である。いまでは、現在活動中もしくはおおむね一万年以内に噴火した火山を「活火山」とよび、休火山や死火山という言葉は使わないのである。最も新しい地質時代である第四紀(約二六〇万年前から現在まで)に活動した火山は日本では四〇〇を優に超える。もちろんこれらの火山も、噴火する可能性は十分にある。

「それにしても、列島の火山ってきれいに並んでいるのね。まるでプレートが沈み込む海溝に並走しているように見える。どうしてこんな風に火山ができるの？　今日こそはちゃんと教えてくださいな！」

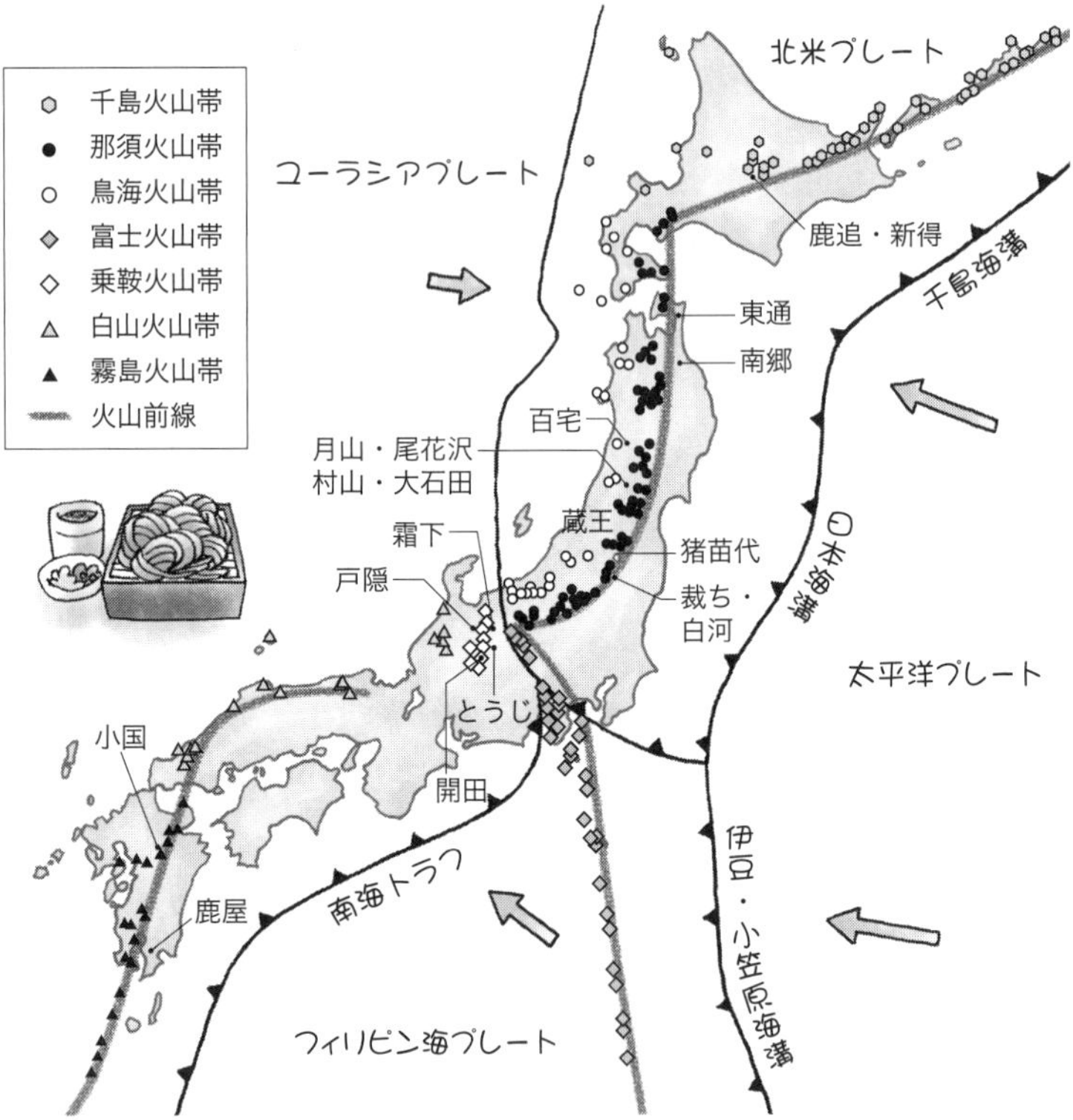

図 **9-1**　日本列島の火山とソバ産地

では、と腹をくくったときである。目の前に椀ものが出てきた。わたしの予想が正しければ、まずこれをいただくことにしないといけない。マグマの話をしている場合ではない。

鮑談義

「とろろ汁ね。それにしてもなんて素敵な香りなの！　なぜこんなにも磯の香りがするの？　昆布出汁のせい？」

アワビ(鮑)の吸いとろである。アワビをしっかり塩もみしてかちんかちんにしたものを、おろし金でおろして自然薯《じねんじょ》とすり混ぜる。簡単きわまりないが、究極の椀ものである。大将に尋ねると、クロアワビだそうである。アワビの王様だ。間髪入れずに刺身が出てくる。色の違う肝が添えられているから、二つのアワビが盛られていることになる。

「見事な歯ごたえに奥深い味わいねぇ。こっちの少し柔らかいほうは甘いわねぇ、ミルキィといったらいいのかしら……」

確かに、クロアワビとマダカアワビのようである。違いがわかった姪っ子に気をよくした大将が、殻を見せてくれた。クロアワビの殻は黒く、ややこんもりと丸い形をしているのがマダカである。もう一つ大将がもってきたのが赤い殻のメガイアワビである。よくクロアワビは雄、メガイアワビが雌だと勘違いされるが、別の種類である。ちなみにアワビは雌雄で肝、正確には生殖腺の色が違う。緑色が雌、クリーム色が雄である。刺身や角切りにして塩水に浮かべた水貝には、クロとマダカがよい。一方、柔らかいメガイは火を通すとなかなかいける。

一本目のワインはもう空である。大将にシャブリを頼むと、ミュスカデも相性がいいという。懐を心配してくれたのかしら……。ロワール川の河口付近でつくられるこのワインは、フランス人が世界一うまいカキ（牡蠣）の一つだと自慢する（わたしは能登のものが最高だと思うが）ロワール牡蠣と合わせるのが定番である。もっとも、ブドウの種類はムロン・ド・ブルゴーニュ（ブルゴーニュのメロン）というブルゴーニュ原産のものであり、シャブリとつながりがないわけではない。

「ワインの話はまたゆっくり聞くから、いまはアワビに集中！　大将、これらの美味しくいただいているアワビはどこで捕れたものですか？　万葉のころから有名な伊勢ですか？」

まあ、もの知りなことで……。確かに「磯の鮑の片思い」という言い回しの元となった、万葉集の歌に詠まれたのは伊勢である。しかし、今夜のアワビは隠岐《おき》の島産とのこと。隠岐や竹島、それに韓国済州島では良質のアワビが捕れるのだ。アワビの餌は藻類である。したがって、立派なアワビの生育にはよい藻場が欠かせない。つまり、適度な日射と水温、それに磯の存在こそがアワビを育むのである。これらの島々は火山島であるがために磯が発達して、クロメやカジメ、それにアラメなどのアワビの好物が、藻場をつくっているのである。

「えっ、隠岐の島も済州島も火山島なの？　知らなかった……。だって列島の火山は、海溝に並走するようにできているって、さっきいったらうなずいてたじゃない。なのに、こんなに海溝から離れた海の中に、どうして火山ができるの？」

仕方がない、マグマの話をすることにしよう。

二種類の沈み込み帯火山――島弧火山と背弧域火山

日本列島の火山の多くは、プレートが深さ一〇〇～一五〇キロメートルの深さまで沈み込んだ上につくられている。列島には図9－1に示すようにいくつかの火山帯が並んでいるが、これらをプレートの沈み込みという観点で整理すると、二つの火山帯にまとめることができる。一つは太平洋プレートの沈み込みに関連した「東日本火山帯」、そしてフィリピン海プレートの沈み込みに対応する「西日本火山帯」である（図9－2）。これらの火山は、弧状の列島の一部であることから「島弧火山」とよばれる。

「プレートがある深さになったら火山ができるっていうのは、なんだかおもしろいことね。そのカラクリ、叔父さんは知っているんでしょう?」

知っているといえば知っている。この規則性が地球上の多くの沈み込み帯で認められることを強調して、その現象をうまく説明できるモデルを提案したのは、何を隠そうこのわたしなのである。

「へぇ、やるじゃない！　どんなモデル?」

プレートは海底大火山山脈である海嶺でつくられるが、このときには海水がマグマで温められ温泉状態となる。この熱水が地下に染み込んで岩石と反応するために、プレートにはたっぷりと水が含まれているのだ。ちょうど、水を吸ったスポンジのようなものである。このようなプレートがマ

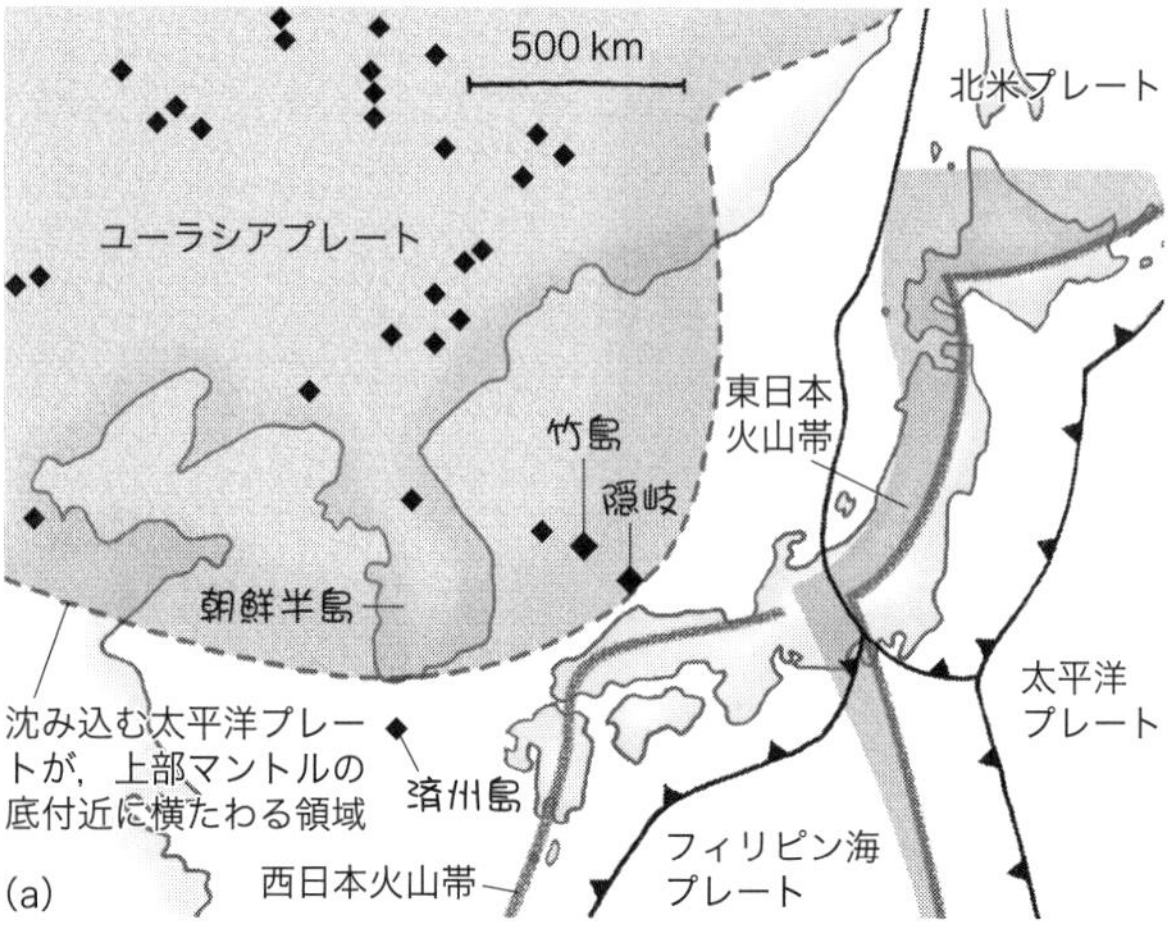

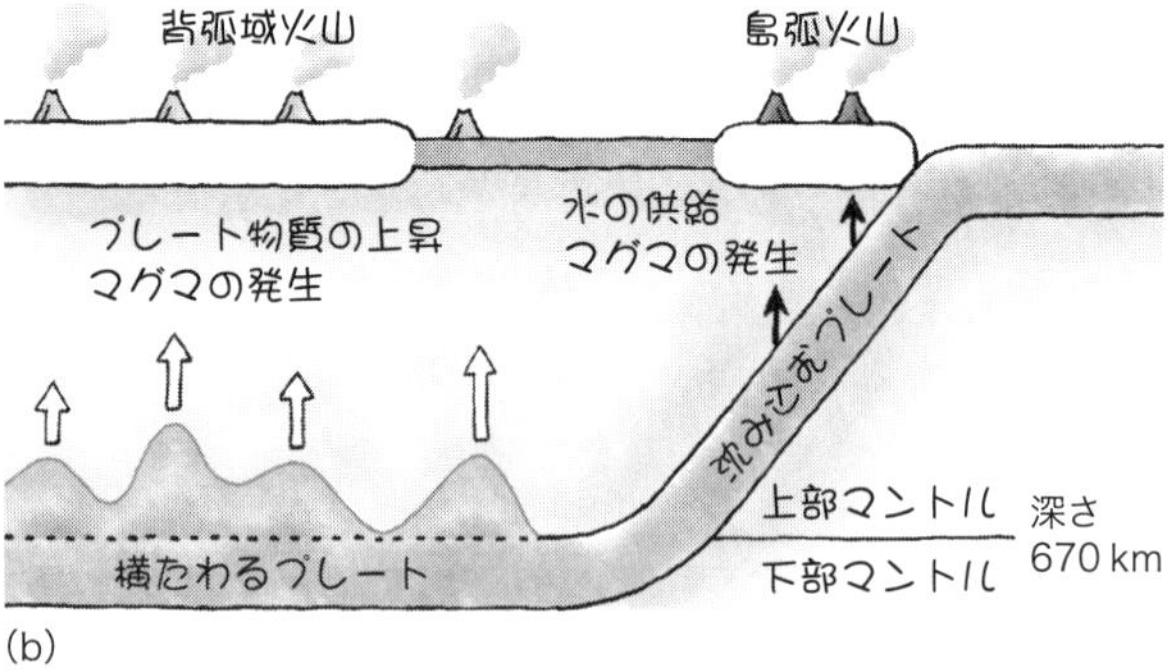

図 9-2　島弧火山帯(東日本火山帯・西日本火山帯)と背弧域の火山

ントルへと沈み込むと、周りからぎゅっと押されることになる。水を含むスポンジを握ると、当然水が染み出してくる。これと同じことが沈み込むプレートの中でも起こるのである。プレートやその上にあるマントルの鉱物を考えると、プレートの周囲から水が絞り出される深さがおおよそ一〇〇～一五〇キロメートルなのである(図9‐2b)。

「ふ～ん、そんなことを調べるために、前に見せてもらった大きな機械、プレス装置だっけ、あれを使うってわけね!」

そういえばこの娘は、近くまで来たついでだと、突然わたしの実験室へ現れたこともあった。

「でも変ね～。水がプレートから絞り出されるといっても、まさか水が石を融かすわけじゃないでしょう? 反対に融けてたのが消火されちゃいそう……」

そもそも融けるということは、原子や分子が整然と並んだ固体が、それらが自由に動き回ることができる液体状態になることである。もちろん直感的にわかるように、熱を加えて温度を上げると、原子・分子にエネルギーが与えられて運動を始める。すなわち物質は融ける。一方で、圧力が下がる、つまり地球の中では物質が上昇しても、それは融けやすくなる。なぜならば、圧力が下がることで原子・分子が動き回るスペースができるからだ。そしてもう一つ、物質を融かしやすくする方法がある。それは、水(正確にはH_2O)を加えることである。H_2Oには、結晶構造をずたずたに引き裂く性質があり、その結果原子・分子のつながりが寸断されて動き回れるようになるのである。

「そうなの～。水っておもしろい性質があるのね! そういえば、アメリカでシェールガスを取り出そうとして、ボーリングして水を入れると地震が起こったって新聞に載ってたわよ。水が地盤を割れやすくしたのね！」

ご賢察の通り。そもそも、太陽系の惑星の中でプレートテクトニクスが作動し続けているのは地球だけであり、その原因も水の存在にある。液体の水が地表に存在することで岩盤が割れて大断層に発達して、それに沿ってプレートが落ちたり誕生したりするのである。

「ところで、列島の火山についての巽モデルはわかったけど、隠岐や済州島はどうするの？　このあたりでは、もうプレートは水を吐き出してしまっているのでしょう？」

実はこれらの島だけではなく、日本列島の背後には広大な火山地帯が広がっているのだ。それは朝鮮半島からはるかアジア大陸の内部までおよんでいる（図9-2）。これらの火山は、島弧の背後にあるので「背弧域火山」とよばれる。そして、これらの火山の下には、沈み込んだ太平洋プレートが、六〇〇～七〇〇キロメートルの深さの所に横たわっていることがわかってきたのである。

「横たわっている？　ということは、プレートがそこを越えて沈み込めなくなったってことよね。周りより重いから落っこちていたのに、ある所を境にそうではなくなるのね。あ、わかった、周りが重くなったんでしょう？　だって、地球の中はすごく圧力が高いっていうじゃない」

リケジョのごとき展開力に感心してしまう。マントルをつくる鉱物は、深さ六七〇キロメートルを境に大きく密度を変化させるのである。そのためにプレートはこの境界（上部マントルと下部マントルの境界）を突破することができずに、その深さあたりに漂うのである。このようにして横たわってしまったプレートから比較的軽い部分が上昇すると、先に述べたように圧力が下がって融けやすくなる。こうして背弧域火山の元となるマグマが発生するのだ。あるいは、横たわるプレートがだんだん温められて融けてしまうことも考えられる。

「何となく、読めてきたわよ！　この横たわったプレートからものが上がってくるって現象が、前にいってた日本海の拡大の原動力なんでしょう？」

ピンポーン！　図2‐4bを見直していただきたい。

「でも、アジア大陸の奥にもたくさん火山があるなんて知らなかった。富士山みたいに大きくてきれいな形の火山もあるの？」

これらの火山の中で、北朝鮮・中国国境付近の白頭山《ペクトサン》（長白山）は三〇〇〇メートル近い高山であるが、一般に背弧域火山はそれほど高い山体をつくらない。大規模な火山であっても、溶岩流を広く噴出するタイプが多い。

「済州島って、ハネムーナーが多いっていうじゃない。よい所？」

韓国最高峰の漢拏山《ハルラサン》（一九五〇メートル）が島の中央に位置し、ユネスコの世界自然遺産にも登録されている。対馬海流のおかげで気候も温暖で、当然魚介類の宝庫である。なかでも鮑粥（チョンボッチュ）は忘れられない絶品であった。また、鹿児島のバークシャー種よりもむしろ沖縄のアグーに近いといわれるアジア系の黒豚もすばらしかった。また訪れたい地である。

アワビの話にもどったところに、蒸しアワビの登場である。裏ごししてバター、酒、醤油で味つけされた肝ソースとの相性もぴったりである。火を通して味をつけたメガイは十分にうまい。

＊　＊

今夜の締めは、もちろん蕎麦である。蕎麦屋でもないのに、しっかりとみりんの利いたいいつゆをつくってくれた。もともとざる蕎麦にはこのような濃厚なつゆがついてきたのだという。それがいつのころからか、もり（または、せいろ）に海苔をのせて一〇〇円くらい高級にしただけのものになってしまったらしい。それはともかく、三たて（挽きたて、打ちたて、茹でたて）、いや、それに加えて採りたての四たて蕎麦を賞味できるのは、まったく凝り性の友人のおかげだ。改めて北に向かって合掌である。

もう結構満腹であるにもかかわらず、薫製にしたアワビのスライスが出てきた。きっとメガイだろうが、いぶすことで歯ごたえもよく香ばしくなっている。大将がこんな立派な肴で時間稼ぎをしたのには理由があった。「最後にこれをどうぞ！」と大将が出してくれたグラスには、酒の中にやや曇った球形の氷が浮いていた。酒が蕎麦焼酎であることは、香りですぐにわかったが、氷の正体は溶け出すまで不明であった。なんとそれは、蕎麦湯の氷玉であった。それで時間がかかったのだ。アワビで磯の香りを満喫し、蕎麦で山の薫香を楽しむ。粋なはからいである。

一〇月 松茸と栗——列島の背骨、花崗岩

美作から秋の味覚到来

今年もまたノーベル賞の季節になった。昨二〇一二年は高校の後輩がiPS細胞の作製で医学・生理学賞を受賞し、そのことがちょっと誇らしかった。今年のヒッグス先生の物理学賞受賞は当然だろうが、有力視されていた日本人作家が文学賞の選にもれたことに妙に落胆した。もちろんわたしは文学には疎いし、海外の作家の作品を英語で読んでいるわけでもないので、この賞のことを云々する資格などない。ただ、日本で好まれてきた私小説とはまったく異質のハイカラさと計算しつくされた文章は、ノーベル賞受けするに違いないと勝手に思い込んでいる。

そういえば、彼の作品にアイリッシュやスコッチウィスキーの里をめぐったものがある。わたしも同じ所へ行ったことがあるが、とてもとてもあんなシャレた立振舞はできなかった。ピートの草原とその先に広がる海と空。わたしの中では、スコットランドはあくまでも灰色である。次々と思い出される光景。ふと蘇ったのは、霧深い草原の中で見つけた「妖精の輪」であった。小さなキノ

コが環をなして生えていた。これは菌輪とよばれるもので、胞子が着生した地点から菌糸が放射状に伸びてゆき、その一番先頭に子実体《しじったい》(キノコ)をつけるためにできるという。そういえば、松茸もアカマツの周りに円を描くと聞いたことがある。松茸の妖精の輪なんぞを見つけたら、有頂天まちがいないことだろう。

数日後、岡山で悠々自適の先輩から秋の味覚を送ったと電話をいただいた。なんでも、美作《みまさか》の温泉へ出かけた際に、旧知の山持ちから分けてもらったとのこと。美作あたりは桃や苺も名産だが、秋の山というと……。じらす先輩を問いつめると、ようやく松茸と栗だと教えてくれた。

さあたいへん。明日届くとすると、松茸は明日中にはいただかないと、せっかくの香りが落ちてしまう。一方、栗は一晩水に浸して柔らかくしないと皮剥きが難しい。でもやはり、松茸と栗は一緒にいただきたいものだ。困ったときはプロに聞けと、木屋町の大将に電話をしてみた。亀岡でゴルフをした帰りだという。スコアは相変わらずだが、コースには栗がいっぱいなっていて気持ちよかったらしい。その栗のことで電話をしたと伝えると、熱い湯で二〜三分茹でると剝きやすいと教えてくれた。じゃあ、明日土曜は、久しぶりに作務衣を着て料理といこう。当然ながら、姪っ子も誘わないといけない。さもないと一生、松茸の恨みを言い続けられることになる。

翌日は、宅配便の受け取りはつれあいに任せて、朝から買い出しである。土瓶蒸しにかかせないハモとエビを求めて行きつけの魚屋へ行くと、立派なメイタガレイも並んでいる。もちろん明石もの、産卵直前なので一番の旬ものだ。今夜の刺身はこれに決まりである。松茸を焼くのだから、炭をおこさないといけない。それならば、ハモは照り焼きにもしよう。もちろん、ブルーのアイシャドウでお化粧した紅葉鯛とも目が合ったが、またねとウィンクしておいた。

少しだけでもいいから松茸のすき焼きも食べたい。肉屋に寄って神戸ビーフを奮発する。あとは八百屋で銀杏、三つ葉、あさつき、玉葱などをそろえた。すき焼きに使う青野菜にはちょっと悩んでしまった。定番の白菜や菊菜(春菊)も並んではいるが旬ではない。露地ものの生き生きした青梗菜《チンゲンサイ》が目に入った。これを試してみよう。土瓶蒸しには生麩も使いたい。仕方なくスーパーも回ることにした。酒はいつもの灘生酛本醸造。このあたりではこの銘酒を、スーパーで紙パックで売っているのでありがたい。

松茸三昧

先輩から届けられたのは、恐悦と恐縮のきわみの品であった。傘がまだ開いていないつぼみの松茸が四本と、色艶も形も秀逸な特大の栗が三〇個ほど。いくらくらいするのか調べようと思ったが、よけいに恐縮するだけなのでやめた。

教えてもらった通りにさっと茹でた栗は確かに皮が剥きやすい。餅米と白米をあわせてみりんを加え、栗ごはんの準備は完了である。残った栗は一時間ほど茹でて、そのまま冷めるまで待つ。半分に切って中身を取り出して裏ごしする。砂糖水を加え混ぜてしっとりさせ、茶巾に絞っておく。贅沢なデザートの完成だ。

自宅での料理は順番にこだわるわけにはいかない。料理人も食べたいからである。今日も、土瓶蒸しができ上がるのを待つ間に、みぞれ酒とメイタガレイの刺身で晩餐を始めてしまった。みぞれ酒とは、上野藪そばの名物で、静かに冷凍庫に入れて氷点(マイナス一〇度)以下で過冷却状態にした日本酒を、キンキンに冷やしたグラスに注ぐとでき上がるシャーベット状の酒である。キレのよさがメイタのうま味を見事に引き立ててくれる。ほどなく土瓶蒸しが完成した。

「なんて素敵な香りなの……。出汁とハモの香りとが相まって、うっとりしてしまう。やっぱりこの香りは国産松茸ならではのものなのかしら」

もはや国内では年間一〇〇トンも収穫できない松茸は、中国、朝鮮半島、北米、さらにはトルコや北欧からも輸入されている。しかしこれらは、当然ながら鮮度が落ちる。そのうえ防疫の観点から、土をきれいに落とすために洗浄されるのである。これでは香りがなくなってしまっても仕方がない。中には香りを補うために、松茸のエッセンスを振りかけて店頭に並べられる輸入ものもあるという。

「何ということ? それじゃあまるで詐欺じゃない! ところでその、エッセンスってなあに?」

松茸の香りの源は、日本人科学者が抽出に成功した「マツタケオール」とよばれるアルコールの一種である。エッセンスとしては、これを人工合成したものが使われているのに違いない。

次は焼きものである。焼いているうちに香りが飛んでしまわないようにするには、ホイル焼きがよい。でも今夜は、部屋中に松茸の香りを充満させたい気分である。そこであえて素焼きすることにした。卓上七輪の網でさっと焼いて、ポン酢とすだちでいただく。あやしいまでの薫香とシャキシャキした食感に、わたしたちはもう完全に言葉を失ってしまった。常温日本酒にとって最高の肴の一つであることを確信した。試しに、松茸を一片入れた酒をお燗してみた。河豚ひれ酒と並び称される松茸酒だ。なんともはや妙妙たる味わい。

松茸の幽香に酔いしれたあとは、網を外して串をうったハモを照り焼きにする。真夏ごろより脂が乗ってきた身のうま味は、たれにも負けることはない。

「松茸って、アカマツに寄生するのよね。開発が進んでアカマツ林が減ってきたから松茸が採れなくなったの？」

そうではない。松茸衰退の最大の原因の一つは、林の富栄養化である。

「栄養がいっぱいあれば松茸がすくすく育つというわけではないのね？　むしろやせた土地の方がいいってこと？」

松茸は、貧栄養で乾燥した花崗岩質の土質を好む。したがって、葉や枝が地表に落ちて腐葉土ができ上がると松茸の生育には向かなくなるのである。かつて里の人びとは林に入り、落葉を肥料に使い枝打ちをして燃料にしていた。しかし化学肥料が普及し、燃料やエネルギー源も多様化すると、林は風通しも日当たりも悪くなり、腐葉土が厚く地表をおおってしまったのである。こうして松茸の収穫量は減少していった。これに追い打ちをかけたのが松食い虫の蔓延である。この害虫はマツノザイセンチュウといわれる北米由来の外来種であり、これがマツに侵入すると、葉は赤くなりすぐにマツ枯れを起こしてしまうのだ。手塩にかけて守ってきたアカマツ林がいとも簡単に崩壊すると、山の人たちも林に手を入れることや、新たにアカマツを植林する意欲もなくなってしまうのであろう。

「大変ねえ〜。なんだかこんなにたくさん松茸をいただくのが申し訳なくなってしまうわ！　でも、松茸の人工栽培も研究されているのでしょう？」

もちろん、椎茸のように原木やおがくずなどの菌床を使った栽培はまだ実現していないが、シロ（妖精の輪ができる領域）の育成法などが研究されている。この国の食文化は健全な里山や森林が育んできたことをキッチリ認識して、これらを守り育てることがわたしたちの務めである。

花崗岩のでき方

「ところで、さっき松茸ができるには花崗岩の土壌がいいっていってたわよね。たしかこの灘五郷のお酒がおいしいのも、鉄分の少ない花崗岩の賜物だったわね。花崗岩ってありがたい石だし、日本列島にはたくさんあるのね！」

いかにも、花崗岩は日本の国土のおおよそ一割を占めている岩石である。花崗岩が削られてたまった砂などの固まったもの（花崗岩質砂岩）を加えると、さらにカバーする面積は増える。まさに、日本列島の背骨をなす岩石である。そして、この花崗岩とアカマツの分布は見事なまでに一致する。松茸は日本酒と同じく、列島の花崗岩からわたしたち日本人への下されものなのだ。

「なぜ日本列島には花崗岩が多いの？　プレートが沈み込むことでできるのは玄武岩だといってなかった？　玄武岩マグマが花崗岩に変化するの？」

確かに日本列島のような沈み込み帯でプレートから絞り出された水は、その上にあるマントルを融かして、二酸化ケイ素を五〇％程度含む玄武岩質のマグマをつくる。このマグマが冷えていくと、マグマよりも二酸化ケイ素成分に乏しい結晶ができて固化が進むために、液体部分に二酸化ケイ素成分が濃縮されていく。このようにして、玄武岩質マグマから二酸化ケイ素量が七〇％にも達する花崗岩をつくることは可能である。ただこの場合には、花崗岩の九倍にもおよぶ膨大な量の岩石（結晶化した固体）が残ることになる。日本列島の地下に、このような岩石がこれほど大量に存在しているとは考えにくい。そこで考え出されたのが、プレートを融かすというメカニズムである。

「プレートが融けてマグマができるって？　いつかそんな話を聞いたような……。あっそうだ、紀伊半島のカルデラや花崗岩だ。日本海が広がったことで日本列島が南下して、まだできたての熱いプレートの上に乗り上げて、このプレートが融けたんだ」

そう、普通より熱いプレートが沈み込むと、プレートの一部である玄武岩質の海洋地殻が融けて、花崗岩質のマグマがつくられるのだ。

「そうか、これだと、残りかすの固体はプレートと一緒に地球の中へ運ばれるから都合がいいのね。なんかちょっと、証拠隠滅って感じもするけどね！」

まあ、その指摘は甘んじて受けることにしよう。確かに完全に証明されたわけではない。

「じゃあ、日本列島にたくさんの花崗岩があるのは、何度も日本海みたいなものができたからってこと？　でもそれはちょっと変ね～。だって日本海は一つしかないじゃない！」

鋭い突っ込みである。日本列島の花崗岩の多くは、地表を恐竜が闊歩していた白亜紀とよばれる地質時代、おおよそいまから一億年ほど前につくられた。しかし、当時日本海の拡大のような事件は起こっていない。一方でいろんな証拠から、海嶺が日本列島の下へ沈み込んだと考えられている。プレートは海嶺でつくられて広がってゆく。したがって、海嶺に近づくほどプレートは若く、そして熱くなるのである。つまり、海嶺が日本列島に近づいてくると、沈み込むプレートの温度が高くなり、融けやすくなるのだ。こうして大量の花崗岩が誕生した。

「海嶺が近づくって話は、あのハモの巣をつくってる石、え～っと三波石？　そうそう、変成岩ができたときの話と同じよね」

もうこの娘は、そんじょそこらの大学院生よりも、日本列島や地球の変動についてくわしくなっているようだ。そう、三波川変成帯の岩石を地下深くから持ち上げたのは、日本列島の背骨をなす花崗岩をつくったのと同じ海嶺の沈み込みである。

「前もなんかだまされたような気がしていたんだけど、海嶺が移動して遂には沈み込むって、おかしいわよ、絶対！　だって、プレートが動くのは海嶺の下へ上がってくるマントル対流のせいで、その対流が下がるのが沈み込み帯でしょう？　そう習ったわよ！　対流の湧き出し口が沈み込むって、どう考えてもおかしい！」

そんなに目くじらを立てなさんな……。神戸ビーフと松茸という、贅沢きわまりないすき焼きを食べて、気を静めなさい。関西ではすき焼きはあくまで焼きであって、鍋ではないので割下は使わない。牛脂で肉を焼きながら、ザラメと醤油を加える。それから野菜を入れて水を出し、酒を加えて、その後ほかの具材を入れる。今日は青梗菜に火が通ったところで松茸を投入した。女性陣は赤ワインをご所望になろうと予想して、キャンティクラシコを開けておいた。このワインはその名から、トスカーナとしてよく出回っているキャンティの古酒と思われがちだが別ものである。トスカーナ地方フィレンツェ近郊の丘陵でできたぶどうを使い、昔ながらの技法でつくられたものだけがクラシコを名乗ることができる。ぶどうはサンジョヴェーゼの割合が高く、気合いの入った美酒が多い。もちろん、すき焼きにはよく合う。

プレートはなぜ動く?

さて、姪っ子の疑問を解かねばならない。地球の表面をおおう十数枚の硬い岩盤（プレート）が動くことでさまざまな地殻変動や火山活動が起こる。これがプレートテクトニクスの要点である。では、プレートを動かす原動力は何か。確かに姪っ子が高校で習ったように、マントル対流にその原因を求めることが多かった。地球の中は高温である。中心部では五〇〇〇度以上、石でできているマントルの底でも三〇〇〇度を超える。一方で、表面付近は平均して一〇度以下であるから、地球の中には凄まじい温度差があるのだ。こんな不均衡を自然が許すはずがない。できるだけ均一な状態になるべく、地球内部から表面に向かって熱が運ばれるはずである。

「あ、確か小学校で習った、伝導、放射、対流でしょう? 溶岩プレートで美味しいステーキが焼けるんだから、同じ石でできたマントルも熱伝導が主役、っていいたいところだけど、マントル対流っていうくらいだから違うのよね」

溶岩プレートの厚さはたかだか二〜三センチメートル。一方でマントルは二九〇〇キロメートル。これだけの距離を伝導で熱を伝えるより、マントルは熱くて軽い物質を持ち上げてしまうことで熱を運ぶのである。これがマントル対流だ。このマントル対流の上昇流域が海嶺、下降流域が沈み込み帯に相当するというのが、先の説である。

これが正しいとすると、海嶺や沈み込み帯の位置関係は、マントル対流の大きさによって決まることになる。マントルの厚さは一定だし、流れの特性を決める温度もそれほど時間変化があるわけではない。したがって、対流の大きさもだいたい一定であると考えてよい。つまり、海嶺と沈み込み距離は不変であるはずだ。しかし実際には、海嶺が移動して最後には沈み込んでしまうことは、地球の歴史の中で幾度となく起こってきたのである。そして現在でも、南米チリ沖でこの現象が起こっているのだ。

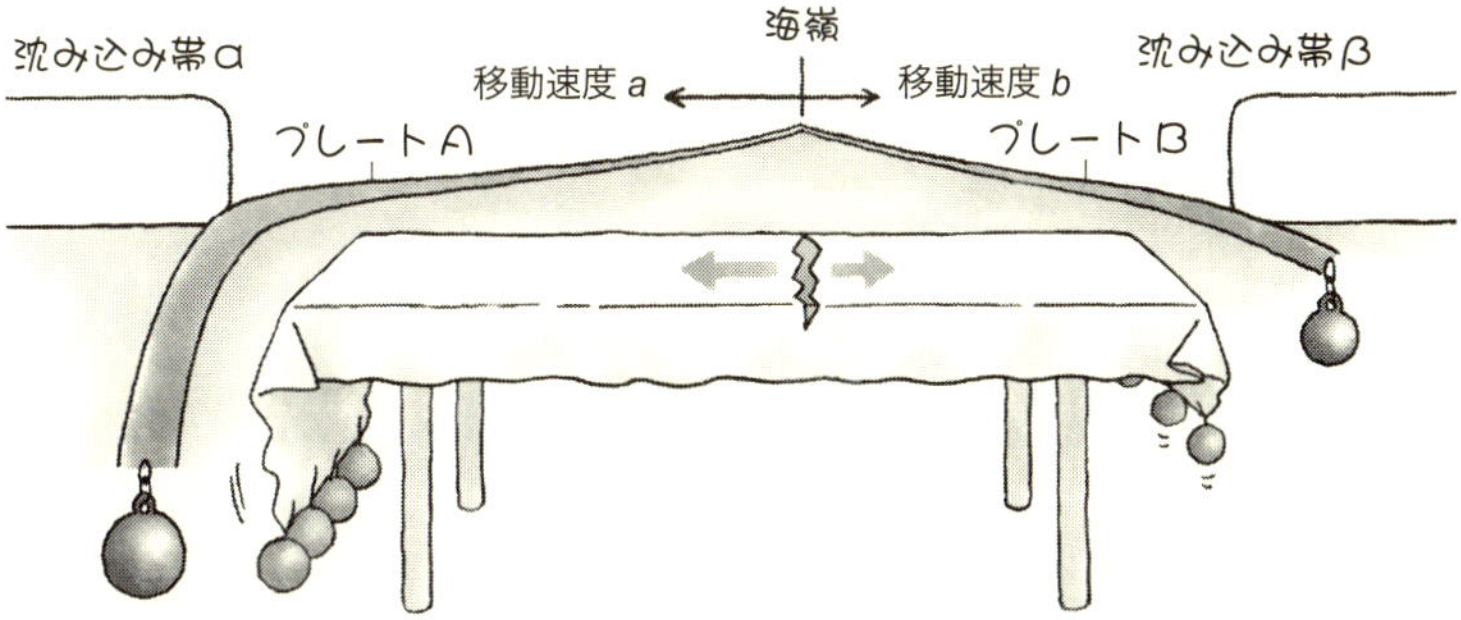

図 10-1 プレートが動いて海嶺が沈み込むメカニズム(テーブルクロス説). 移動速度 $a>b$ ならば, 海嶺は $a-b$ の速度で沈み込み帯 α に向かって移動する

「なぁ〜んだ、実際に海嶺が沈み込んでいる所があるんだ! 先にそれをいってよね〜。じゃあ、プレートはなぜ動くの?」

プレートが沈み込む、または落っこちるのは、周囲のマントルよりも冷たくて重くなるからである。したがってプレートが沈み込むと、まるで垂れた部分のテーブルクロスに重りをつけたような状態となる。するとこの部分に働く力によって地表付近のプレートにも引っ張り力が働き、海嶺でプレートが引き裂かれる。そしてその裂け目を埋めるようにマントル物質が上がってきて、マグマが発生して新たなプレートをつくるのである。物質が上昇する、言い換えると圧力が下がると融けやすくなることは九月に話した通りである。かくしてプレートは移動するわけであるが、重りの大きさ、つまり沈み込んだプレートの体積が大きくなるほど、プレートは速く動く。したがって図10-1のように、プレートAの方が落下するプレートの量が多い場合には、海嶺はプレートがたくさん沈み込んでいるa地域に向かって速さ$a-b$で移動し、やがて海嶺も沈み込むのである。

「うん、海嶺が沈み込むこととプレートがなぜ動くのかは納得した。でもね、この話はプレートテクトニクスが始まってからのことだよね？　なんかコロンブスの卵みたいな感じだけど、そもそもプレートテクトニクスっていつごろ始まったの？」

宇宙に漂っていた微小な物質が集まって地球が誕生したのは四六億年前、そしてプレートテクトニクスが動き始めたのはおおよそ三八億年前である。この証拠は北極圏のグリーンランドに残されている。たとえば、プレートが誕生する海嶺の地下に特徴的に見られる構造や岩石、プレートが沈み込むときに海溝にたまった砂や泥などが陸側の斜面にくっつくように形づくられる特徴的な地質構造などである。当然ながらこれらの地質構造は、プレートテクトニクスの作動と同時に、海の存在をも示唆している。つまり地球上を海がおおい始めたことと、プレートテクトニクスの始まりは密接に関連しているのである。またこの地域では、同じ時代の地層の中から、地球最古の生命活動の痕跡も見いだされている。

「へえ、グリーンランドって氷でおおわれた静かな大地ってイメージだけど、地球の進化を探るうえでとっても重要な場所なのね〜。水と生命の関連はなんとなくわかるけど、水とプレートテクトニクスは一体どうつながりがあるの？　そもそも、水はどこからやってきて、なぜ地球だけが水惑星になったの？」

もう、今晩はこのへんで勘弁してもらいたいものだ。買い出しに料理にと、ちょっと疲れてしまった。

＊　＊

姪っ子の疲れを知らない知的追究は、締めの栗おこわを出したことでようやく終了した。長野善光寺前のお店のように、栗の下ごしらえに手間をかけていないし、だいたい蒸籠《せいろ》で蒸さずに炊飯器で代用している。したがって、本来の栗のほっくり感とおこわの腰とねばりには欠ける。しかし、それを十分に補う栗のうまさである。ちなみに、栗の生育に適した土壌も花崗岩質のものであり、松茸同様に栗も変動帯からのプレゼントである。

デザートの栗茶巾と少し濃いめの煎茶で宴はお開きとした。姪っ子を阪急六甲駅まで送っていく道すがら、ふと夜空を見上げるとペガサスが羽ばたいていた。

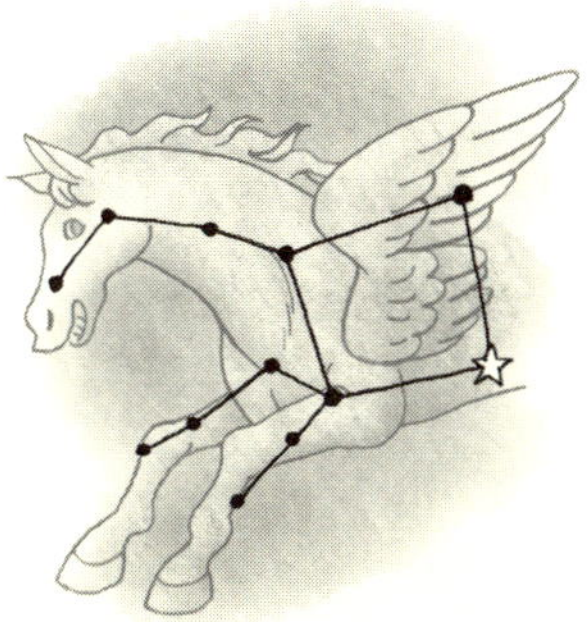

一一月

芋焼酎とワイン

巨大カルデラとサンゴ礁

東京から南へ約一〇〇〇キロメートル、西之島で噴火が始まった（二〇一三年一一月二〇日）。この島は、太平洋プレートの沈み込みでつくられた伊豆・小笠原・マリアナ弧に属す火山島で、水面下には富士山クラスの火山が潜んでいる。世間では、日本の国土や領海が広がるとか騒いでいる。それは結構なことであるが、この火山活動がこのあたりの海域で「大陸」をつくり出す現象の一部であることも思い出していただきたい（三月）。そして、この大陸は近々日本列島にくっつくのである。一方で、一部の専門家とよばれる人たちは、この噴火が巨大地震の予兆であるとか、富士山大噴火につながる可能性があるなどと危機感をあおっている。日本列島のごとき変動帯では、地震や噴火は頻発するのが自然である。だから過去の記録を見れば近接して起こることは十分にあり得ることなのだ。これらの確率的事象の間に科学的な因果関係を求めるのは自由であるが、それが論理的でない以上は発言を控えるべきであろう。

こんなことを思いながら散歩を続けていると、住宅地の中でひっそりと営むダイニングバーのマスターとばったり出会った。雰囲気も洒落ているし、気の利いた料理も楽しめる素敵な店である。もちろんアルコールにも気合いが入っている。日本酒やワインは料理との相性をよく見きわめてあるし、蒸留酒の品ぞろえも立派である。それに、マスターは好奇心旺盛で勉強家である。そのマスターも朝のニュースを見たのか、西之島の話題となった。しかしわたしは先ほど来、なんとなくこの噴火に関する世の中の反応や対応にうんざりしていたので、いい加減に答えていた。

わたしの気持ちを読み取ったのか、マスターは話をすぐに酒ネタへと変えてしまった。最近、西之島のすぐ東にある母島のラムを並べたらしい。確かに国産のラムはめずらしい。最近有名になってきた奄美の黒糖焼酎は、原料はサトウキビであるが米麹を使っている。名護の知り合いの酒づくりでは、たしか泡盛だけではなくラムもつくっていた。めずらしさという点で国産ラムにも興味はそそられるが、なんといっても本場カリブ海のダークラム、あの個性的な風味にはかなうまい。それから立ち話はどんどんと進んでいったが、雨粒がぽつりぽつりと落ちてきた。近いうちに訪れることを約束して家の方へと坂を上がった。

今月は姪っ子を酒の世界へいざなうことにしよう。そうそう、一一月一日は本格焼酎と泡盛の日でもあった。

戻りガツオで芋焼酎をいただく――酒づくりの原理と酒の種類

この店はカウンターの大きめの椅子がよい。料理はお任せではあるが、待つ間にアペリティフ

（食前酒）を嗜むことにした。今夜は蒸留酒がメインのつもりだから、わたしはタンカレーのエキストラドライマティーニをお願いした。姪っ子はシェリーにするという。

「シェリーってスペインのブランデーのことよね」

多くの人が、シェリーはワインを蒸留したブランデーと同類と思っているようだが、ワインの仲間、正確にはポルトガルのポートワインと同じく酒精強化（フォーティファイド）ワインである。ブドウの発酵過程でブランデーなどアルコール度数の高いものを加えると、酵母が働かなくなりブドウの甘味が残る、つまり糖度の高いワインとなる。これを「ソレラシステム」とよばれる独自の方法で熟成させたものがシェリーである。

軽く蘊蓄を傾けていると、カツオの刺身に自然薯をかけたものが出されてきた。見事な季節感である。いまごろ北の海から四国や九州の沖に帰ってくる戻りガツオ。カツオといえばタタキが定番だが、戻りガツオには不要な手間である。秋ものは初ガツオと違って、皮を炙って香ばしさでうま味の不足をカバーする必要がないほど濃厚なのだ。栽培物の自然薯はこれから旬となる。長芋やイチョウ（大和）芋に比べて圧倒的な粘りとコクがある。わさび醬油でカツオと一緒にいただくと、口の中で海の香りと山の香りが交錯するに違いない。慌てて芋臼を頼んだ。

「まあ、華やかね〜。甘美な香りが広がっていく……。ところで、芋臼ってなあに？　紅芋じゃない、ってこと？」

臼とは臼麴のことである。近ごろは芋焼酎も黒麴を使ったものが多くなり、その巧みな宣伝にのせられて結構人気のようだ。もちろん好みによるのであるが、わたしにいわせれば、芋黒は芋焼酎本来の華やかさをわざわざかき消してしまっている。

「何？　その白麹とか黒麹って。日本酒の米麹とは違うの？」

そもそも、酒づくりの原理を話さなければならないようである。酒の根本であるアルコールは、酵母という微生物の分泌する酵素（チマーゼ）がブドウ糖をアルコール発酵させることでつくられる。たとえばブドウには糖質が含まれているために、そのままアルコール発酵を行うことができ、このような発酵方法は「単発酵」とよばれる。一方、米・麦などの穀類、それに芋にはブドウ糖が含まれていないので、酒へと変身するには穀類に含まれるでんぷんをまず糖化し、その後にアルコール発酵を行うという二段階の作業が必要となる。このような発酵方法を「複発酵」という。この糖化作用をになうのが、麦芽（ビール）、麹菌（清酒、焼酎）、カビ（紹興酒、白酒《バイチュウ》）である。こうしてつくられた比較的アルコール濃度の低い（おおよそ二〇度未満）液体が「醸造酒」である。そして、これを蒸留し、含まれる成分の沸点の違いを利用して分離、濃縮したものを「蒸留酒」とよぶ。これらの醸造酒、蒸留酒、それにほかの成分などを混合したものは、「混成酒」と分類される。よく知られている世界の酒をこのような基準で分類するとわかりやすいはずだ（表11－1）。

「さすが、お酒のこともくわしいわねぇ。それにしてもこのカツオ、美味しいわね！　白芋ともピッタリ」

おっとそうだ、麹の違いを説明しなければならない。清酒をつくるのに使われるのが黄麹菌（ア

表 11-1　酒の分類

種　類	原 材 料	糖 化 作 用	代表的酒類（原料）
醸造酒	糖　質（単発酵）	—	ワイン（ブドウ）・シードル（リンゴ）
	でんぷん質（複発酵）	麦　芽	ビール（大麦）
		黄麹菌	清酒（米）
		クモノスカビ	紹興酒（もち米）
蒸留酒	糖　質（単発酵）	—	ブランデー（ブドウ）・ラム（サトウキビ）・テキーラ（竜舌蘭）
	でんぷん質（複発酵）	麦　芽	ウィスキー（大麦，ライ麦，コーン）・ウォッカ（ライ麦など）・ジン（麦類，コーン）
		黒麹・白麹・黄麹菌	焼酎（芋，穀類）・泡盛（タイ米）
		クモノスカビ	白酒（穀類）
混成酒	醸造酒	—	酒精強化ワイン・シェリー・ポートワイン（ブドウ）
	蒸留酒	—	リキュール・みりん・カクテル・合成清酒
	その他	—	梅酒・はぶ酒

スペルギルス・オリゼー」である。この菌はなんと、日本の「国菌」とされているのだ。日本酒のみならず、和の食の伝統的な食材である、味噌、みりん、醤油などの製造でもこの麹菌が使われるからだ。芋焼酎ももともとは黄麹菌を使って糖化を行っていた。しかしそれは、腐敗との戦いであった。黄麹菌は腐敗を防ぐクエン酸を生成することができないのが原因であった。そこで酒づくりでは、蔵に住み着く乳酸菌を取り込んだり（生酛づくり）、人工的に乳酸菌を添加したりするのだ。し

かし高温の南九州では、それでも腐敗は頻発したのである。

ここに登場した救世主が白麹菌（アスペルギルス・カワチ・キタハラ）である。この麹菌は、一九二四年に当時熊本税務監査局鹿児島工業試験場の技師であった河内源一郎が、沖縄泡盛の製造に使われる黒麹菌の中からそのアルビノ変異種（メラニン色素欠乏のために白色化した個体）として発見し、のちに京都大学の北原覚雄教授によりその分類と性質が確認されたものだ。クエン酸を生成することで腐敗防止効果を発揮する黒麹菌と同様のメリットがありながら、黒麹のようにあたり一面が黒ずんでしまわないために取扱いが簡単なのである。

こうして白麹菌が九州における焼酎づくりの主要麹菌となった。現在では腐敗を防ぐために温度管理などが徹底しているので、黄麹菌の芋焼酎も安定して生産されているようである。黄麹の芋はフルーティーという表現が似合う。

「その、三種類の麹の違いを味わってみたいなあ。マスター、お願いできますか」

あ～あ、遂に飲み比べを始めてしまった。マスターが香りの立つようにとテイスティンググラスに注いでくれたのは、同じ酒造所の四種類の芋焼酎であった。濃厚なコクが引き立つ芋麹もつけ加わっていた。

サツマイモとシラス台地

マスターは、次に宮崎地鶏の炭火焼を出してくれた。この鶏は、かの前宮崎県知事が宣伝マンと

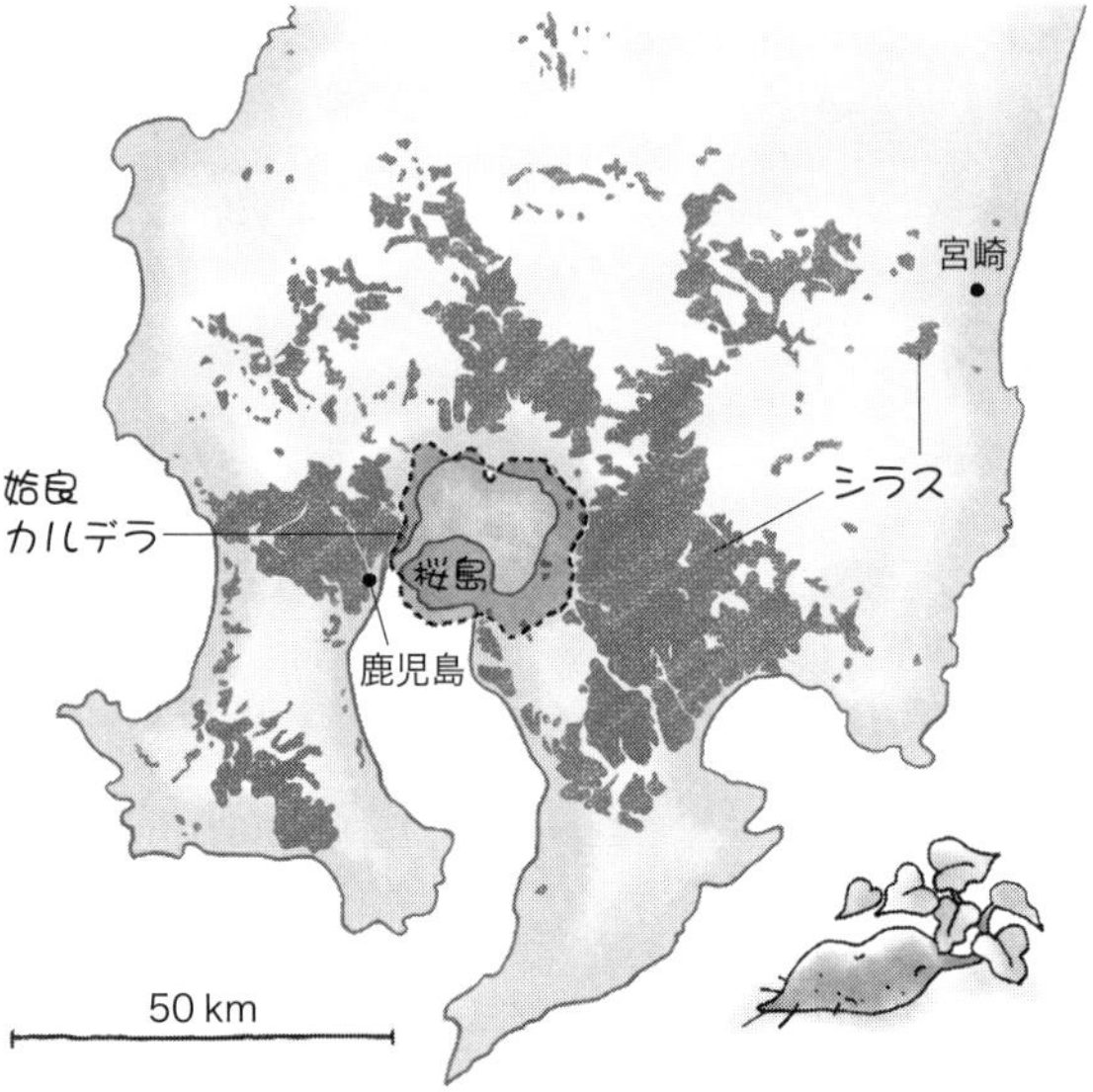

図 11-1　シラスの分布

して広めて全国区となったものだ。抜群の歯ごたえとコク、それに炭火の香ばしさが加わるのだから普通の焼き鳥とは格が違う。宮崎県は鹿児島と並ぶ芋焼酎の産地でもあり、もちろん相性はぴったりである。

「サツマイモは、名前からして国内では鹿児島が主要な産地なんでしょう? 栽培に適しているの?」

鹿児島が全国の約四割を産しているが、当然ながらこれには理由がある。まず、強い日差しと温暖な気候、それに生育期間中に雨が多いことが挙げられる。そしてもう一つ重要な点は、水はけのよい「シラス」とよばれる土質である。シラスは水はけがよすぎるために稲作には不適であるが、サツマイモにはこれが好条件なのだ。

「シラス台地って聞いたことがあるわ。火山灰の台地でしょう? 桜島から出てきた灰なのよね」

シラスは南九州に広く分布する火山灰と軽石の層で（図11－1）、鹿児島湾周辺域では広大な台地をなしている。厚い所では一〇〇メートル以上にもなり、川沿いでは見上げるような崖をつくる。これは、火砕流で堆積したものだ。火砕流のなかでもシラスを形成したように大規模なものは、巨大な噴火で発生した噴煙柱が自らの重さに耐えかねて崩壊し、そのエネルギーで火山灰、軽石、火山ガスが渾然一体となって地表を流れたものである。このような巨大火砕流は、高さ一〇〇〇メートル級の山々は楽々乗り越えて行ったようで、流速も時速一〇〇キロメートル近かった。

「え～っ、そんな恐ろしいことが起こったの！　いつごろの話？」

いまから約二万八〇〇〇年前のことである。

「そんな昔なら、いまではその大部分は削られてなくなっているだろうし、実際に噴火で出た量はすさまじかったのでしょうね」

もちろん正確にはわからないが、おおよそ二兆トンものマグマが噴出したといわれている。言い換えると、地下にたまっていた八〇〇立方キロメートルものマグマが一気に噴出したことになる。

「八〇〇？　え～っと、九×九＝八一、八×九＝七二だから、一辺が九キロメートルちょっとの立方体が地下で空洞になったってこと？　じゃあ、その上は崩れちゃうじゃない！　あ、それがカルデラってわけね！」

いかにも、シラスをつくる姶良カルデラ噴火の入戸《いと》火砕流の噴出に伴って、現在の鹿児島湾に相当する窪地、姶良カルデラができたのである（図11－1）。

巨大噴火は必ず起こる

「カルデラができるときには、そんな天変地異が起こったのね！　じゃあ、あの阿蘇カルデラもおおっきい火砕流を出したの？」

姶良カルデラより一回り大きな阿蘇では、四回の巨大噴火が起こったといわれている。その中で一番大きなものでは、ほぼ九州全域をおおう火砕流を出し、その量は一〇兆トンにもおよぶ。

「火砕流って、噴煙が崩れてできるっていってたけど、噴煙は火山灰になって遠くまで飛んでゆくものもあるのでしょう？」

その通り。ちなみに、シラス台地がつくられた姶良カルデラ噴火では、四国南部で五〇センチメートル、関西から中部地方で二〇センチメートル、関東でも一〇センチメートル以上の降灰が地層中に記録されている。

「鹿児島で噴火が起きて、東京で一〇センチメートル！　何それ、大変じゃない！　ねえねえ、聞くのも怖い気がするけど、もしもいまそんなことが起こったら日本はどうなるのかな」

確実に日本喪失である。これは決して脅しではない。灼熱の火砕流に一瞬にしておおいつくされる領域には七〇〇万人以上の人口がある。五〇センチメートル以上の降灰域には四〇〇〇万人以上の日常がある。さらに一〇センチメートルの範囲にはなんと一億二〇〇〇万人が暮らしているのだ。

そしてこの範囲では、交通は完全に麻痺、水道の使用は不可能となり、送電線の断線や冷却水の停止により電力も失われる。もちろん農作物や森林は壊滅的な打撃を受け、その再生には一〇〇年かかると予想されている。

「マジに？　そんなことが近いうちに起こるなんていわないでね！　お願いだから……」

お願いされても困るが、確かなことは、過去一〇万年の間に日本列島で、このような巨大噴火が十数回も起こったこと、そして最も最近の噴火は七三〇〇年前であったことだ。ちなみに、七三〇〇年前の噴火は九州南方の海で起こり、火砕流は海を渡って九州に達した。そして、少なくとも南九州の縄文人は全滅した。

「え〜っ、なにそれ、一〇万年で十数回！　だいたい六〇〇〇年周期だよね。それで最後の噴火が七三〇〇年前？　超ヤバイじゃない！」

このような周期には誤差をつけて議論をしないといけないのではあるが、とにかく確実にいえることは、巨大噴火はいつ起こってもおかしくないということである。わたしたち日本人は、もうロックオンされているのだ。

「あ〜ヤダ、夢も希望もなくなっちゃうじゃない！　いったい日本人はどうすればいいの？」

古来より日本人は、変動帯に暮らす民として自然とともに暮らしてきた。ただ、これから起ころうとしていることは、一部の縄文人を除いて日本人が経験したこともない試練である。わたしたちがなすべきことは、このことを正しく受容し、そして覚悟をもって生きてゆくことだろう。覚悟は諦念ではない。ましてや、虚無や退廃などと相容れるものではない。覚悟ができれば、被害を可能なかぎり軽減する策をしたたかに講じることも可能だ。

「確かにねぇ、直下型地震が来るのが確実な東京に何もかも集中しているし、これからももっとその傾向が強くなるんだろうな～。ちょっと真面目に考えないと……。日本人は「絶滅危惧種」なんだ！」

さすがの姪っ子もちょいと神妙である。しょっちゅう変動帯からの恩恵に浴してばかりいるのだから、たまには試練について思いをめぐらすのもよい。

ワインと地質

ちょっとテンションが下がってしまったかに見えた姪っ子であったが、色合い鮮やかな鴨の薫製が出されると、表情が一変した。回復は素早いようである。あしらいには、ツルムラサキとオクラのソテーが添えてある。何を飲もうかと一瞬迷ったが、赤ワインをお願いすることにした。

「こんな鴨スモーク食べたことがないわ！　しっとりと柔らかい肉質だし、甘くてコクがある！」

そりゃそうだろう。マスターのことだ、シャラン鴨を使って自らスモークしたものに違いない。この鴨は良質の餌と豊かな自然の中で育てられるフランスきってのブランド鴨である。おまけに窒息させて血を抜かずに屠鳥されるので、肉の中には鉄分の風味がたんまりと含まれている。並の鴨と比べて色が濃いのは血が十分に回っているせいである。蕎麦屋の合鴨せいろや琵琶湖畔の真鴨鍋もなかなかのものではあるが、滑らかさと濃厚さはシャラン鴨にはかなわない。これだけしっかりした鴨には、濃厚なボルドーもよいに違いないが、せっかくの薫香とのマリアージュを楽しみたいものである。そうなるとやはりブルゴーニュだろう。マスターのおすすめもそのようである。

「ブルゴーニュの赤ってピノ・ノワール種でしょう？　かの有名なロマネ・コンティもそうよね？　特別な畑でブドウをつくっているって聞いたことがあるけど、やっぱり土質が違うのかしら？」

フランスでいうところの「テロワール（ワインに表れる土壌、地形、気候などの特徴）」のことをいっているようである。この問題は、まるで人間のワインへの執念を示すかのように多くの専門家や研究者、それにワイン愛好家とよばれる人びとが取り組んできたが、まだ完全に解明されたわけではない。ただ、水はけがよい小石混じりの土壌は必須のようである。また土質については、石灰質のものがテロワールの要素の一つと考える向きが多い。

「あ、そういえば、フランスは石灰質の地質だから硬水になるっていってたわね！」

いかにも、地中海沿いに広がる白亜の断崖は、石灰質の殻をもつ生物の遺骸が堆積したものである。もちろん、内陸部にもこのような石灰質の地層が広く分布している。ミュスカデとともに牡蠣にはもってこいといわれるワインはシャブリ（ブルゴーニュのシャブリ地区で育つシャルドネ種白ワイン）だと専らの評判だが、この地の土壌の原材料は牡蠣の殻である。

「そうなんだ〜。じゃあ、軟水の国日本ではワインに適したブドウは採れないってことね、残念だわ！」

いや、そうともいい切れまい。先ほどもいったように、テロワールはまだ完全には解明されていないのである。たとえば日本でも、岡山の山沿いに分布する石灰質の土地から、立派なワインがつくられているという噂を聞いたことがある。

日本が石灰岩自給率一〇〇%の理由

「そういえば、秋吉台のカルスト地形って石灰岩だわね！　東京の近くにも結構鍾乳洞があるって聞いたことがあるわ」

鍾乳洞は列島のほぼ全域に点在し、都内でも多摩地域の観光スポットとして知られている。そればかりか、実は日本には約三〇〇もの石灰岩鉱山があるのだ。しかもこれらの石灰岩は純度が高く、セメントや骨材、さらには製鉄用として古くから利用されてきた。「鉄は文明開化の塊なり」とは福沢諭吉の言葉であるが、この背景に高品位石灰岩の存在が重要であることはいうまでもないし、石灰岩が戦後の高度経済成長を支えたといっても過言ではない。現在のところ、日本は確かに鉱産資源に恵まれていない。そのなかで石灰岩は年間二億トン近くも採掘されており、なんと自給率一〇〇%の資源なのである。

「すごい！　大昔の日本は金や銀の世界的な産地だったらしいけど、セメントの原料がそんなに採れるなんて……。でも、なぜ日本の石灰岩は純度が高いの？」

先に話したように、確かにフランスには石灰質の地層が広く分布している。しかしこれらは、現在の地中海のような内海に生物の遺骸が堆積したもので、当然ながら陸から運ばれた砂や泥が混じっている。つまり、石灰分が少なくなる。これに対して、陸からはるか離れた場所、たとえば現在のハワイやタヒチの周辺の島々のサンゴ礁は、きわめて純度が高いのである。

「え～っ、じゃあ日本の石灰岩はもともと南太平洋のサンゴ礁だったの？」

まず、サンゴ礁のでき方を説明しておこう。サンゴ礁は熱帯域の外洋に面した海岸に、石灰質の骨格をもつサンゴが形づくる地形である。よく知られたグレートバリアリーフや琉球列島のものは、大陸の縁辺部やプレートの沈み込みでつくられた列島に形成されている。では、太平洋のど真ん中、たとえばハワイやポリネシアでサンゴ礁が発達するために必要な「島」はどのようにしてできたのであろうか？　実はこれらの島々はすべて火山島なのである。地球上で火山が密集する地帯には、二つのタイプがあることは何度も述べてきた。一つはプレートが沈み込む所である「沈み込み帯」であり、もう一つはプレートがつくられる所である「海嶺」だ。言い換えると、火山活動はプレートの境界で活発なのである。ところがこの地球では、プレートの内部にも大型の火山ができる場所があり、「ホットスポット」とよばれている（図11-2）。

正確には、ホットスポットとは、地球表面をおおうプレートの運動に影響されないくらい深い所にある不動の熱い地点、つまりマグマの供給源のことである。この上に火山島ができるのである（図11-3）。ハワイ諸島の中では、火山活動が活発で、最大かつ最南端のハワイ島がこのステージに相当する。一方で火山島をのせたプレートは移動するので、この島ではやがて火山活動は終わり、

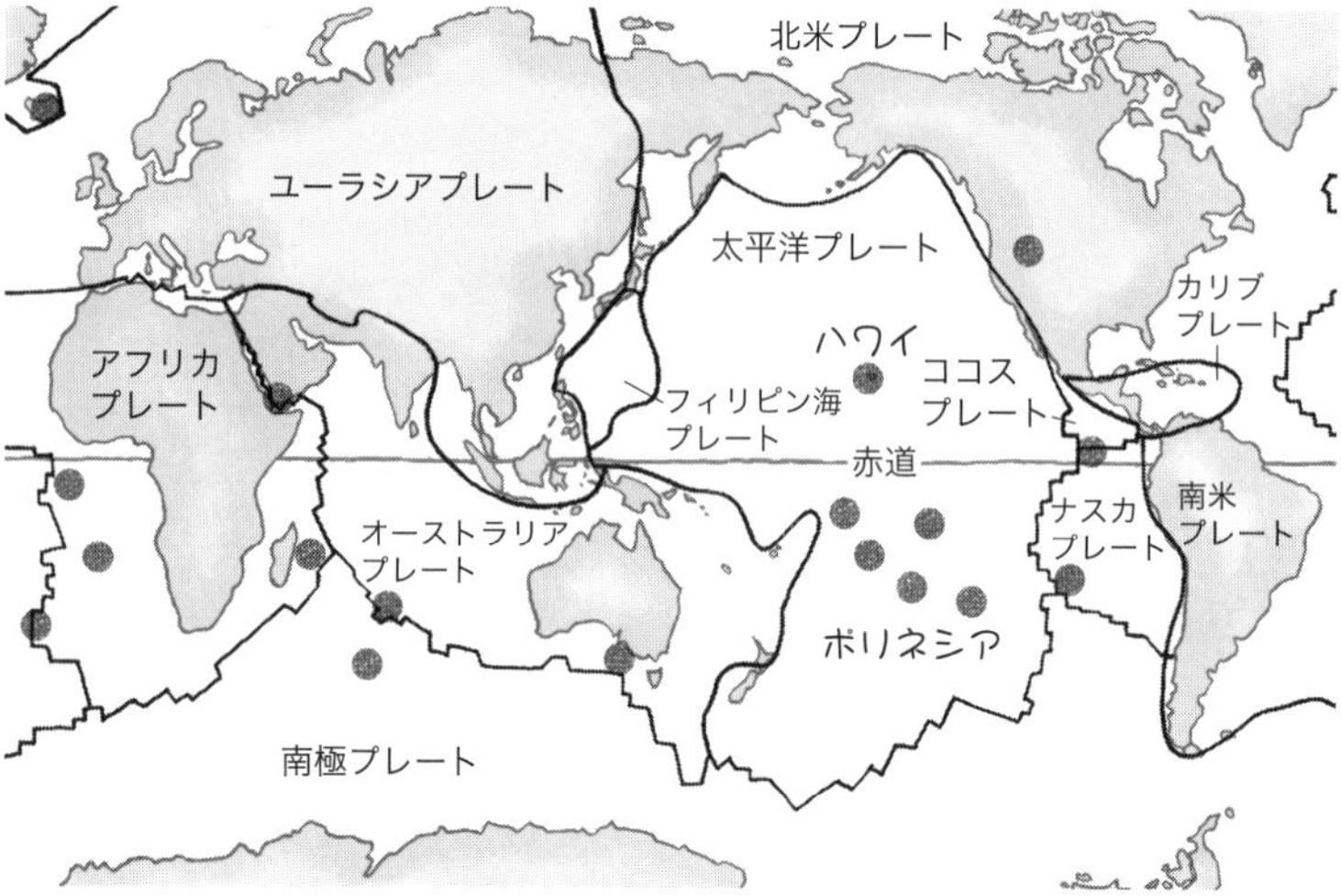

図 **11-2**　ホットスポットの分布．●がホットスポット

浸食が進む。こうなるとサンゴ礁が発達するようになる。ハワイ諸島の北西の小島はこのような段階にあるのだ。さらに時間が経つと、サンゴ礁をのせた火山島は完全に海面から姿を消し「海山」となる。そしてこのような海山は海溝へと押し寄せてくるのである（図11－3）。図2－1でも、太平洋プレートの中にこのような海山が多く存在することがわかる。

海溝からプレートが沈み込むときには、このような海山は突起物であるのでその一部は剝ぎ取られて、陸側へくっついていってしまう。もちろん、海山のほかにもプレートの最上部にある海洋地殻や堆積物、それに海溝を埋めていた砂や泥なども一緒に剝ぎ取られてくっついていく。このような部分は「付加体」とよばれる。つまり、沈み込み帯にある陸は、付加体が成長することでどんどん大きくなっていくのである

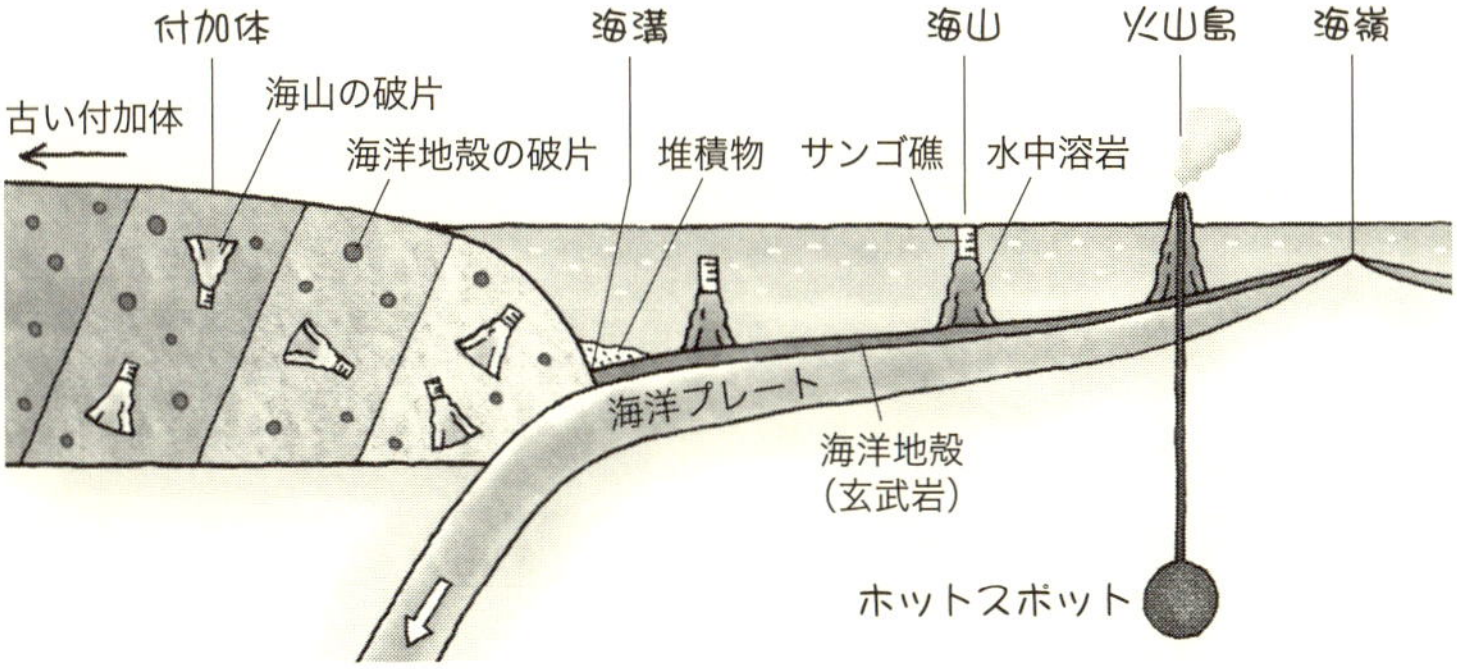

図 11-3　ホットスポット火山の移動と付加体の成長

(図11－3)。

「花崗岩が列島の背骨だといってたけど、その付加体はまるで肉みたいなものね！　う〜ん、でもまだよくわかんないな！　日本列島の石灰岩がハワイやポリネシアから運ばれたって証拠はあるの？」

太平洋のど真ん中でのサンゴ礁のでき方で大切な点は、石灰岩（サンゴ礁）の下に火山が存在していることである。しかもその火山は海底火山である。日本列島の石灰岩地帯では、必ずといっていいほどに、海中溶岩の上に石灰岩がのっているのである。つまり、海山の構造を保っているのだ。

「そうなんだ〜。もう少し聞いてもよい？　日本列島の石灰岩はハワイ起源？　それともポリネシア起源？」

ハワイ諸島の北西には海山が列をなして連なっており、その先はカムチャツカ半島沖へと続いている。したがってハワイ起源でないという想像はつく。しかし、本当にポリネシア起源の海山が日本列島内に散らばっているのかどうかは長い間、確信がもてなかった。そこでわたしたちは、ポリネシアのホットスポット火山の岩石と、日本列島の石灰岩地帯にある海中溶岩の化学組成をくわしく調べてみた。そうするとこれらはドンピシャ、同じ特性を示したのである。もちろん、ハワイ火山のそれとは大きく異なっていた。さらにおもしろいこともわかった。これらのポリネシアの海底火山は、いずれもおおよそ三億年前に誕生したものであった。この時期にポリネシア域では大規模な火山活動が起こったようである。

「へえ〜。秋芳洞とか行ったときにこの話を思い出すと、ちょっといい気分になるわね。だって、南海の楽園から何億年もかけて列島にやってきたんでしょう？　そうそう、ぜひその岡山のワインも飲んでみたいものね！」

シャラン鴨を平らげたあと、ブリーとブルーチーズのアンサンブルを楽しんでいたが、ついにワインボトルも空きそうである。

「ブリーとカマンベールってつくっている場所の名よね？　つくり方もほとんど同じって聞いたけど、味はどう違うの？」

さらりと答えることができれば格好よいのだろうが、わたしには大きさ以外、とくに味わいに関しては判別することはできない。

＊　＊

そろそろディジェスティフ（食後酒）な気分である。わたしは定番のグラッパ、姪っ子はマスターおすすめの貴腐ワインを選んだ。

「このうっとりするような甘さは素敵ねぇ……。これもアルコールを添加して糖分を残してあるの？」

いや。貴腐ワインの場合は、ブドウがある種のカビに感染することで糖度が高まるのである。

「グラッパはイタリアのブランデー？　色がついていないわね」

コニャックやアルマニャックなどのブランデーは、白ワインを蒸留したものを樽熟成させるために色と香りが移る。フランスでは、eau-de-vie（命の水）とよぶ。一方でイタリアのグラッパは、ブドウのしぼりかすを発酵させ蒸留する。そして普通は樽熟成されないので透明なのだ。

姪っ子はいつになく静かにグラスを傾けている。今夜の食事の余韻を楽しんでいるのか。それとも、巨大噴火による日本喪失を憂えているのだろうか。はたまた、南海の白いサンゴ礁でも思い浮かべているのだろうか。

二月　河豚

九州島が分裂する⁉

昨年は食べ損ねたフグを！

おもしろいニュースが流れていた。イギリスの研究チームが、映画００７シリーズのシーンを解析した結果を、権威ある英国医学会誌に発表したものだった。それによると、かのジェームズ・ボンドは明らかに酒の飲み過ぎで、その飲酒量からすれば、とても任務遂行や美女との戯れも不可能だというのだ。実にイギリスらしい研究成果である。

飲酒に関する研究成果といえば、ポリフェノールを多く含む赤ワインを飲むことで肉食中心でも心臓疾患が予防できる、いわゆる「フレンチパラドックス」というのもあった。確か、フランス屈指のワインの里であるボルドーの大学研究者の説だった。一方で、フランス人には明らかに肝臓疾患が多いのも確からしい。このことを友人のフランス人に尋ねると、「僕らは、心臓発作より肝硬変を選択しているんだよ。だって、その方が死について考える余裕があるじゃないか！」とウィンクしてみせたものだ。まあ、その哲学的な弁解はさておき、健康にはホドホドがよいのは間違いな

いのであろう。それは十分にわかってはいるが、「酒は茶の代わりになるも、茶は酒の代わりにならぬ」といい切った古代中国の詩人の心情にも共感できる。

ふと、ある小説家を思い出した。母の世代の女流作家だが、高校生のわたしは彼女のデビュー作『パルタイ』よりは『暗い旅』のあなたというよびかけに衝撃を受けたものだ。一〇年ほど前に久しぶりに見かけた彼女の『よもつひらさか往還』は、高校生のころと違って酒を飲むことに慣れたわたしにとって、衝撃よりも共感を覚えさせた。魔酒によって曖昧になる現実と幻想、これこそが酒の魅力だと思った。彼女が現実世界から旅立ったらしいことは新聞で見た記憶はあったが、調べると二〇〇五年に没していたようである。

わたしは冬の夜のゆらゆらとした妄想を楽しんでいた。手にあるのはお好みのブッカーズである。この六〇度を超えるスモール・バッチ・バーボンは、伝説の名匠ブッカーズ（マスターディスティラー）が、原料の穀物（大麦麦芽、コーン、ライ麦）の割合、水、樽、それにアルコール度数にまでこだわってつくり出したものだ。サントリーがこのジム・ビーム社を買収するらしいが、お願いだからこの銘酒は続けてくれ。焦がし樽の芳香と奥深い甘さに酔いしれていると、ふと「ひれ酒」の香ばしいコクが思い出された。すると、昨年はフグ（河豚）を食べ損ねた悔恨が蘇ってきた。関西の冬はやはりフグである。子どものころ、おばあちゃんに連れられてミナミの黒門市場へ買いものに行った。店先に並んだフグに動揺したのだろうか、その夜にたくさんのフグにつつかれる夢を見て泣きじゃくったものだ。

フグ食わぬ非常識

久しぶりのミナミは相変わらず賑やかだった。姪っ子は初めてのミナミにはしゃいでいる。年がいもなく、笑いの殿堂NGKや有名たこ焼き屋の前でピースである。このあたりを縄張りにしている友人に教えてもらったお店はすぐに見つかった。座敷が主体なようだが、こぢんまりしたカウンターに座ることにした。

まずは、「てっぴ」と「とおとうみ」をポン酢でいただいた。関西ではフグを、当たると怖い鉄砲にたとえる。鉄砲の皮を縮めて「てっぴ」である。フグの皮は三層からなる。一番外側には刺のあるサメ皮、その内側にてっぴ(身皮)、そしてとおとうみ(内皮粘膜)がある。とおとうみとは、身皮(三河)の隣にある遠江に引っ掛けた言い方らしい。これらの皮、とくにてっぴからサメ皮を削ぎ取る「皮引き」はプロの腕が問われる作業であり、フグ調理の華である。

「うわ〜、いかにも濃厚なコラーゲンって感じ、明日はお肌ツルツルね！　でも、フグって皮にも毒があるって聞いたけど、大丈夫なのかしら」

確かにフグの仲間の一部、たとえばクサフグやマフグは皮にも毒(テトロドトキシン)が含まれている。しかし幸いにも、トラフグでは内臓(肝臓、腸)と卵巣を除けば無毒である。

「昔、人間国宝の歌舞伎役者が肝をねだって命を落としたんだってね。でも、大分では肝も食べるって友人に聞いたわよ！」

元大分県民としてはっきりいっておくが、いくら臼杵《うすき》のフグが名物の大分でも、トラフグの肝を出すことは違法である。そんなことをすれば確実に中毒患者が出ることになる。フグ専門店で肝和えなるものを出して、秘伝の水洗い法とか自慢していることもあるが、いくら水洗いしてもテトロドトキシンを除去したり無毒化することは不可能である。あの肝はカワハギに違いない。もちろんカワハギの肝は実にうまい。

テトロドトキシンを含む部位の中で、唯一食用として国内で認可されているものは、金沢周辺の名産であるゴマフグの卵巣の糠漬けという珍味だけである。フグ中毒の患者は毎年数十人にもおよび、ほぼ毎年死者も出ている。だからといって、フグの毒を恐れるあまり何ものにも代えがたきこの絶品を食さない手はない。かの魯山人はこのことを非常識と言い切った。要はちゃんとしたお店でいただくことだ。

「そもそもテトロドトキシンって海の中にいる細菌が原因で、食物連鎖でフグに蓄積されるって習ったわよ。餌や水を工夫すれば無毒フグを養殖できるんじゃないの？」

そんなことを教えてくれる大学があるとは驚いた。立派なものだ。確かに無毒フグの養殖は可能らしい。栃木県や佐賀県では、海洋細菌の影響を受けない陸上養殖によって、無毒フグの養殖に成功している。しかし、フグが毒を蓄積するメカニズムが完全には解明されていないので、厚生労働省がフグ肝食の認可を出さないのであろう。

トラフグの生態

皿の上に咲く菊の花のように盛りつけられたてっさが運ばれてきた。鉄砲の刺身で「てっさ」とよぶ。皿の絵柄が見えるくらいに薄づくりにするのは、身が締まっているからだ。ただ、これを一枚いただいたのでは繊細な味を堪能することは難しい。そこで、二〜三枚取ってネギを巻くようにして食するとよい。ネギは鴨頭《こうとう》(高等)ネギにかぎる。小ネギなどで代用する店も多いが、これでは香りが強すぎてせっかくのてっさを台なしにしてしまう。

「淡白なのに……。なんていったらいいの、そうね、磯の香がするのね! それにほのかな甘味もある」

なかなかのコメントである。きっとこの店では刺身用の身は一晩か二晩寝かしているに違いない。淡白さだけならホシガレイに軍配が上がるが、ていねいに扱うことで口の中いっぱいに広がるうま味を醸し出すフグはやはり天下一品だ。

白子焼きが登場するに至っては、姪っ子の幸福感は一気に盛り上がったようだ。この筆舌につくしがたい代物は、間違いなく世界一、いやいや宇宙一の食べものであるとわたしは信じて疑わない。姪っ子がどんな感想を発するのかと楽しみにしていたが、満ち足りたようなため息に続いたのは、好奇心たっぷりの質問だった。

「フグっていうと下関が有名だけど、関門海峡あたりでたくさん捕れるの?」

下関近海は、かつてはフグの一大漁場であったし、唐戸市場はまちがいなく国内最大級のフグ市場である。しかしいまでは、この市場では下関南風泊《はえどまり》港に水揚げされたものだけを扱っているわけではない。天然、養殖を問わず日本中からフグが集まる集積地なのである。列島周辺のトラフグには三つの系統があるといわれている。一つは東シナ海から九州・日本海を回遊する群れ、もう一群は豊後水道と紀伊水道の間、すなわち瀬戸内海を回るもの、そしてもう一つ、伊勢湾から伊豆半島沖を行き来する遠州灘系である（図12－1）。最近では下関に集まる天然フグの大部分は遠州灘系のようである。なんでも、二〇年くらい前にこのあたりで海流が変化して、フグの水揚げ量が増加したらしい。

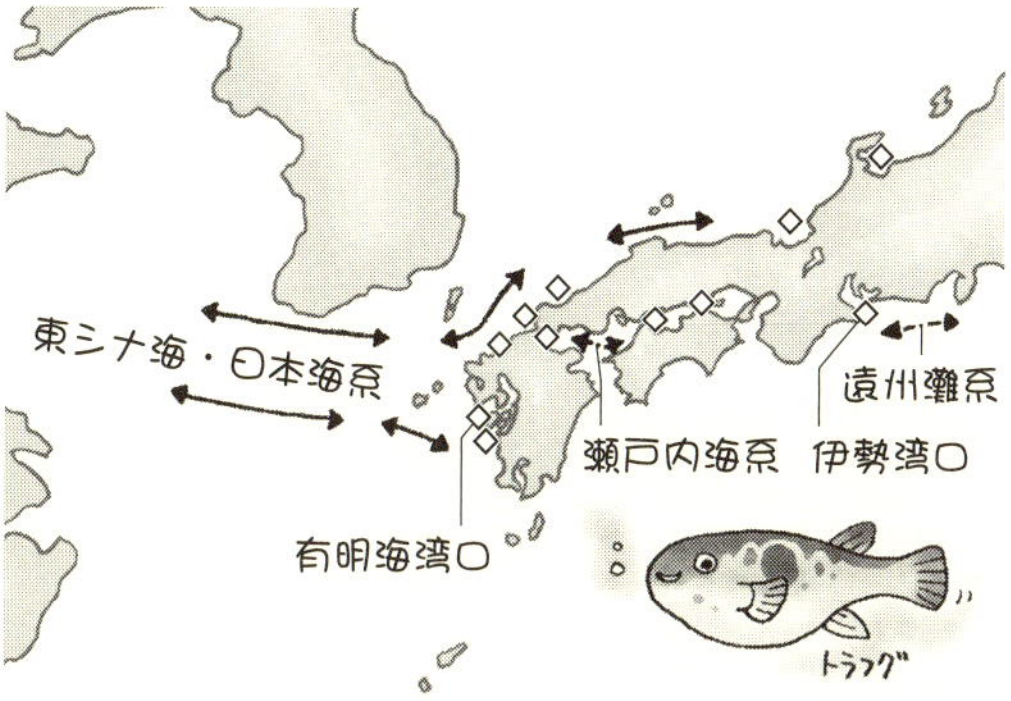

図 12-1　フグの回遊．◇はフグの主な産卵地

「トラフグって、確か天然ものは三月までしか食べられないわよね」

フグは春に産卵するために、資源保護を目的として漁師さんたちが自主規制をしているのである。

「フグってどこで産卵するの？　日本のトラフグの三つの系統それぞれに、別の産卵場所があるってことね」

日本列島周辺におけるフグの主要な産卵地は一〇カ所以上が確認されている（図12－1）。いずれも水深が一〇～五〇メートルの海底で、水流が速く小石混じりの砂地である。

なかでも、伊勢湾口と有明海湾口はいずれも干満の差が大きく、そのため潮の流れが速く砂地の海底となる。これが大規模な産卵地となる理由である。

「湾口で干満の差が大きいのが条件か。なぜこの二つの湾では干満の差が大きいのかしら？　どちらも細長い形をしているけど、この形が関係しているの？」

このことをきちんと説明するとなると、姪っ子にも「波の共振（共鳴）」現象をしっかり理解してもらわないといけない。しかしそれをいま講義している余裕はないので、結論だけをいってしまおう。潮汐が外海から水深が浅く湾幅が狭い内湾へ侵入すると、波は増幅されて水位が上がる。津波が内湾で高くなるのと同じだ。このようにして発生した波は湾の奥で反射され、湾内を行ったり来たりする。この波と潮汐が重なる（共振する）と、通常の潮汐よりはるかに大きな干満の差が引き起こされることになる。伊勢湾や有明海では、その形状と水深がこの共振条件を満たしているのである。

「ふ〜ん、物理はちょっと苦手だけど、ちょうどよい奥行きの内湾だってことね。前に、伊勢湾はフィリピン海プレートの沈み込む角度が浅くなって沈降してるっていってたでしょう。じゃあ、有明海はなぜ細長い湾になったの？」

まさかフグに始まって、こんな疑問にたどり着くとは思わなかったが、てっちりとひれ酒を楽しみながら解説致しましょう。

有明海のでき方——雲仙火山と別府‐島原地溝帯

てっちりのフグは昆布の出汁と相まって、見事な味を醸し出す。また、歯にからむような適度な粘りもたまらない。さらに、骨の周りにあるコラーゲン質の柔らかい身をすすると広がる甘味に思わず笑みがもれる。上質のコラーゲンといえばスッポンもなかなかのものである。しかしいくらていねいに下処理をしても獣香は拭いきれないので、まる鍋には生姜の絞り汁が欠かせない。一方てっちりでは、下茹でした白菜もフグのうま味を吸い取って最高である。そうそう、有明海の形である。いつものように、パソコンで図を見せながら説明することにしよう。

有明海は諫早湾を別にすればおおよそ二〇キロ×一〇〇キロメートルの長方形をしている(図12‐2)。周辺の地質をながめると、長方形の北側と南側は古い時代の変成岩が縁取っている。また、このあたりには金峰山《きんぽうざん》、多良岳《たらだけ》、雲仙岳の三つの第四紀火山が分布している。そのなかで雲仙岳が有明海の形を大きく支配していることがわかる。言い換えると、雲仙岳がなければ有明海は南西に開いた大きな湾であったはずで、その場合はおそらく干満の差は現在ほど大きくはならなかった。そしてフグもここを産卵地に選ばなかったであろう。

「雲仙って、前の噴火で火砕流が発生して多くの犠牲者が出た火山でしょう? まさに試練と恩恵は火山の両面性だわね!」

そう、一九九一年六月三日の溶岩ドーム崩壊に伴う火砕流は四三名の死者・行方不明者を出した大災害であった。友人のアメリカ人火山学者も犠牲になった。

図 12-2　有明海の地形と地質

「雲仙やそのほかの有明海周辺の火山は、え～っと巽モデルだっけ、スポンジ状のフィリピン海プレートから絞り出された水が原因でつくられたんでしょう？」

　そうだと胸を張りたいところなのだが、実はよくわからないのである。それというのも、このあたりの火山の下にはフィリピン海プレートが存在しないのだ。ひょっとするとこのあたりでは、済州島や中国の火山と同じような「背弧域火山活動」(図9－2)が起こっているのではないかとにらんでいる。

「そっか～。これからの研究待ちってとこね。ところで、雲仙のおかげで有明海が細長い形になったのはわかるけど、この図(図12－2)によると、二列の変成岩の帯が並走していて、その間に窪地ができているように見えるけど……。瀬戸内海の延長なの？」

よいところに目をつけたものだ。瀬戸内海が東西に延びた低地である原因は、フィリピン海プレートの斜め沈み込みと四国・紀伊半島の隆起である（図4－2）。この影響は九州東部まではおよんでいるが、このあたりではこの考えは当てはまらない。なぜならば、南海トラフは宮崎から鹿児島の沖で大きく屈曲し、琉球海溝となっており（図12－3）、プレートの沈み込み方向がここで大きく変化しているからである。

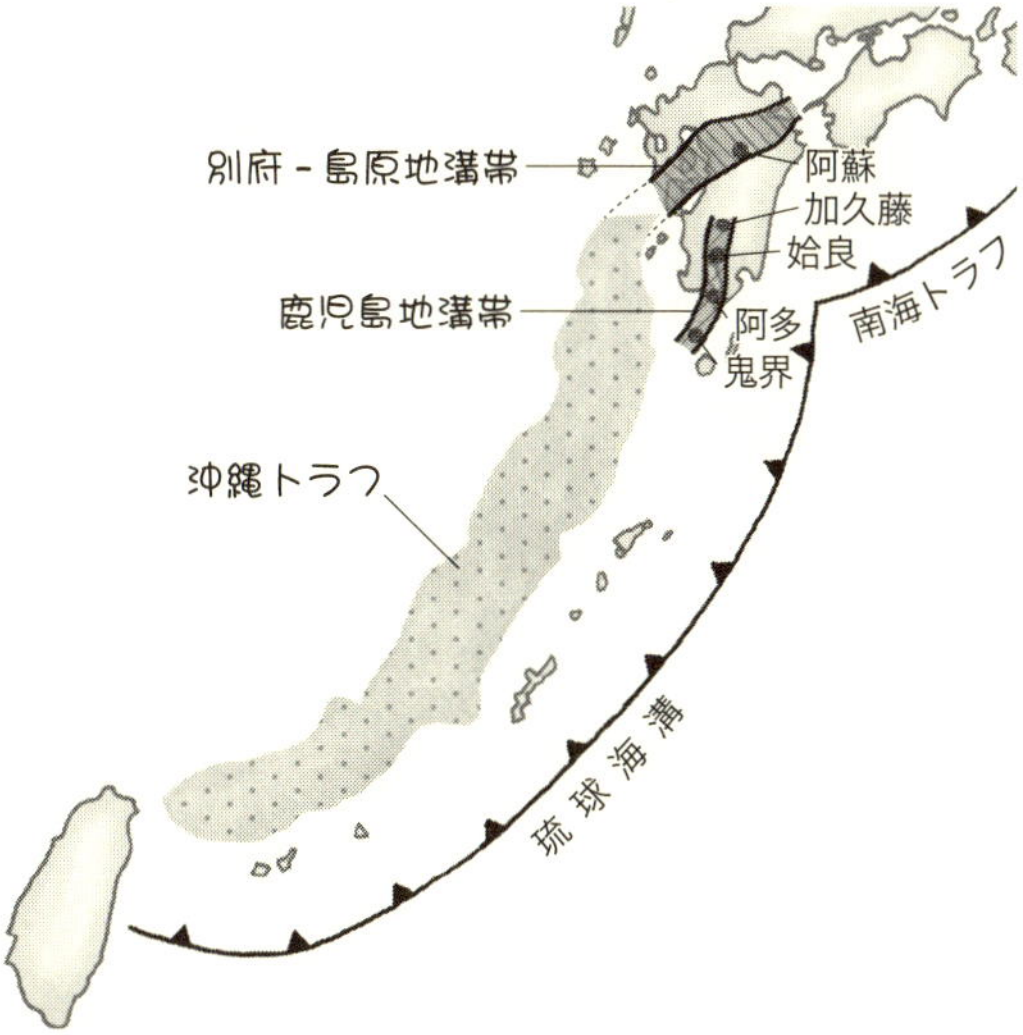

図 12-3　九州・沖縄の地溝帯．別府－島原地溝帯は沖縄トラフの延長にある．鹿児島地溝帯にはいくつものカルデラが配列している

一方で、姪っ子が指摘したように、九州には東西に走る沈降ゾーンが存在し、「別府－島原地溝帯」とよばれている（図12－3）。地溝帯とは読んで字のごとし、地面に溝状に沈降帯が存在する場所で、有名な例としては、アフリカ大陸東部を縦断するアフリカ大地溝帯がある。ここはアフリカ大陸が東西方向に分裂している現場であり、火

山や温泉が集中している。

「あ、前に叔父さんがテレビで温泉の温度を測ってた所ね！　九州にもそんなものがあるのね！　じゃあ、いずれ九州は北島と南島に分かれてしまうの？」

国土地理院の測量結果によると、九州島は年間一～二センチメートルの速度で南北方向に分裂し、地溝帯は年に二～三ミリメートル沈降を続けているらしい。このままいくと、すぐに（といっても一万年くらい先に）九州は南北の島に分断されてしまう。

「へえ～、そうなんだ！　じゃあ、アフリカ最高峰のキリマンジャロ山と阿蘇山は同格なのね？」

「同格」の意味がよくわからないが、赤道直下に位置するにもかかわらず万年雪を抱くキリマンジャロ山は六〇〇〇メートル近い火山であり、その活動が地溝帯の形成と分裂に関係しているのは確かである。一方で阿蘇山は、フィリピン海プレートが約一〇〇キロメートルに達した所にできた沈み込み帯の火山であるので、キリマンジャロとは違う種類の火山だ。しかし、阿蘇山を特徴づける大カルデラの形成には、九州島の分裂が一役買っている可能性は十分にある。このように沈降を続ける場所では、陥没が起こりやすくなるのだ。

「ねえねえ、なぜこんな九州のど真ん中で分裂が起こり始めているの？　日本海が拡大して日本列島がアジア大陸から分離したことと同じような原因なの？」

姪っ子の日本列島や地球の変動に関する理解は、この一年で相当のレベルに達したようだ。東アジア大陸の分裂と九州島の分裂とは、基本的に同じメカニズムによると考えることができる。別府

－島原地溝帯の拡大現象は、琉球列島の背後（大陸側）にえんえんと続く「沖縄トラフ」とよばれる沈降帯・地溝帯の延長なのである。さらに、九州南部にはいくつかのカルデラが南北方向に並んでおり、また南北に長い鹿児島湾も存在する（図12－3）。この「鹿児島地溝帯」もまた、沖縄トラフから派生した地溝帯だとする考えもある。つまり、沖縄トラフのでき方は、日本列島がアジア大陸から分離したあとにできた日本海と同じなのである。

「沖縄トラフって、すごい純度の金鉱床が見つかった所でしょう？　そんなものが陸上に延びてくれば、一気に日本も潤うのにね！」

海底で起こる火山活動は、熱水の循環を引き起こして大規模な金属鉱床を形成する場合がある。たとえば一七世紀に日本を世界一の銅生産国に押し上げたのは、日本海の拡大に伴ってつくられた、「黒鉱《くろこう》鉱床」とよばれる海底カルデラ型の鉱床であった。最近になってこの黒鉱鉱床が沖縄トラフに存在することが確かめられた。ただ、いかにその延長上にあるとはいえ、現在、別府－島原地溝帯内に黒鉱鉱床があるわけではない。この地溝帯がさらに拡大して海水が浸入しなければ、大規模な鉱床の形成は望めない。もう少し待たなければならないようだ。

＊　＊

ちょうど話が一段落したころで、雑炊の準備ができたようだ。フグのエキスでややとろりとした出汁をしっかり吸った雑炊はたまらない。この店では人参のみじん切りも加えている。卵とネギ、それに人参の彩りがきれいだ。

　お腹もいっぱいになったので、店を出て難波までぶらぶらと歩いた。結構冷えてはきたが、ひれ酒とコラーゲンをたっぷりため込んだせいか、風が気持ちよいくらいだ。何十年かぶりで「グリコネオン」を見た。お兄さんは相変わらず元気そうに走っている。

「さすがにフグはおいしかった！　それに九州の分裂なんて、結構リアルな話なんでおもしろかった」

　おもしろい、といわれるとちょっと複雑な気持ちになるが、まあ、日本列島の変動に興味をもってもらえて光栄である。

「もう今年も終わりね～。なんかこの一年で食べものや列島の自然のことを少し理解できたような気がするな。ありがとうございます。そうだ、年が明けたら一度、わがホテルのバーへご招待いたしましょう！」

　それは、それは。ありがたい話である。

エピローグ

新地で軽く寿司をつまんでから待ち合わせ場所に着くと、そこはシックという表現がぴったりのバーだった。調度類も実に重厚である。名前を告げるとすぐにカウンター席へ通される。そこにはもう姪っ子が腰かけて、ワイングラスを傾けていた。わたしはモルトウィスキーのアイラ、なかでも好物のラガヴーリンを頼んだ。

「去年一年間、ありがとうね。おかげで美味しい食べものにめぐり会えたし、それらを育んだ自然とのつながりもよくわかったわ。もっといろんな話を聞きたいし、今年もよろしくお願いします！」

はい、はい。いくらでもご案内いたします。

「これまでの話で納得したことの一つはね、和の食の成立にはプレートの沈み込みが大きく関わっているってことなの。それは結局、地球にはプレートテクトニクスがあるってことでしょう？これって、地球だけのことなの？」

遂に姪っ子もこんな質問をするまでになったか……。ちょっと感心してしまった。というのも、この問題はまさに地球惑星科学の最前線にあるのである。ほぼ同じ組成や構造をもつ地球型惑星

（水星、金星、地球、火星）は、いずれもその表面はプレートでおおわれている。しかし、複数のプレートが存在し、それらが互いに運動している、つまりプレートテクトニクスが作動している太陽系惑星は地球だけなのである。

なぜ地球だけにこんなことが起こり、そのために活発な変動が起こっているのか。それは、地球が水惑星であることに原因がある。何度も説明したが、水は岩石を破壊しやすくする。アメリカでシェールガスを採掘するために地中に水を注入すると地震が多発していることは、姪っ子も知っていた。また、巨大ダムの水位が高くなると、地震活動が活発化することもよく知られている。つまり、海が存在する地球では、表面をおおうプレートに小さな亀裂が無数に発生するのである。このような状況でプレートが冷えて重くなって崩落しようとすると、一番弱い亀裂に力が集中して割れ目がどんどん発達してゆくのだ。やがてそれが大断層となりそこでプレートの沈み込みが始まる。いったん沈み込みが始まると、前（一〇月）に述べたように、この沈み込んだ部分が重りとなって、プレート内の弱い部分が左右に引きちぎられて海嶺となるのである（図10-1）。

「へぇ、水惑星とプレートテクトニクスが結びついているなんて思ってもみなかったわ！　おもしろい話ねえ。火星にもかつては水があったっていうじゃない。ということは、プレートテクトニクスもあったの？」

はい、その通り。ただ、火星は地球に比べると小さいので重力が弱く、大気がどんどん逃げていってしまった。そのために地表が冷えて、液体の水が存在できなくなったのだ。それでプレートテクトニクスも停止してしまったのである。

「ねえねえ、もちろん生命も水がなければ誕生しなかったのだし、そんなにも大きな役割を果たしてきた地球の水って、いったいどこからやってきたの?」

その好奇心には敬服するが、今夜はサイエンスの話はこれくらいにして、少しゆったりとアイラに酔わせてほしい。というのも実は、太陽系の水の起源についてはいくつかの有力な説はあるが、まだまだ五里霧中状態なのである。近い将来にこのことにも答えることができるように、わたしたちサイエンティストも頑張らねば……。

ジャズピアノのペーソスとアイラのフレイバーの重なりが思いのほか心地よい。龍之介が好んだ「陶然」という語がぴったりとくる。

少し明るい光景を目に浮かべたくなったので、次はテキーラに変えた。竜舌蘭を使ったメキシコのスピリッツ（蒸留酒）である。今夜は、かの名優ロバート・デニーロ愛飲のものを頼んで、カウンターに片肘をついてみたりした。ボトルの中に立つサボテンが可愛い。姪っ子はなにかバーテンダーと話している。おそらく顔なじみなのだろう。出てきたのは定番のマルガリータではなく、シクラメンという名のテキーラカクテルだった。白と赤のグラデーションが美しい。

テキーラを三杯もやると、そろそろ足下もあやしくなってくる。そのとき運ばれてきたのはふっくらと焼かれただし巻きであった。そして、熱燗と猪口。

「今夜はね、ぜひともこれで締めたかったの。だって、日本列島からの贈りものだもの!」

なかなか粋な演出じゃないか。きっとだし巻きは、同じフロアにある日本料理の店に頼み込んだに違いない。熱燗もわたしの好物である灘の生酛本醸造だろう。

「それじゃあ、変動帯日本列島に感謝を込めて、乾杯！」

あとがき

最近、大学の食堂で、ご飯をいただく前に両手をきっちりと合わせている学生を見つけて、大いに感心したものだ。食べもの、つくり手、食材、そしてそれを育む自然、みんなに感謝である。この気持ちを忘れずに、列島に暮らしていきたいものだ。

折に触れて、食や酒の素敵な楽しみ方を教えてくださる香りのプロの稲畑謙一郎さんには、今回は原稿までお読みくださり、貴重なご意見をいただきました。また、姪っ子にも負けないほどの好奇心の持ち主でもある、つれあいのけいちゃんのアドバイスも、ついつい理屈っぽくなる内容を改善するのに大いに参考になりました。岩波書店編集部の猿山直美さんには本書の執筆を勧めていただき、また内容や文章についてもたくさん助けていただきました。ありがとうございました。

そして最後に、わたしの食の師匠ともいうべき伊藤雅彦さんに脱稿をお知らせするとともに、ご冥福をお祈り申し上げます。

二〇一四年九月

巽　好幸

巽 好幸

1954年大阪生まれ．京都大学理学部卒業，東京大学大学院理学系研究科博士後期課程修了．京都大学総合人間学部・大学院理学研究科教授，東京大学海洋研究所教授，(独)海洋研究開発機構プログラムディレクター，神戸大学理学部・海洋底探査センター教授，同大学高等研究院海共生研究アライアンス長などを経て，現在，ジオリブ研究所所長，神戸大学名誉教授．2003年度日本地質学会賞，2011年度日本火山学会賞，2012年米国地球物理学連合ボーエン賞受賞．
著書に『なぜ地球だけに陸と海があるのか』(岩波書店)，『地震と噴火は必ず起こる』(新潮選書)，『地球の中心で何が起こっているのか』『富士山大噴火と阿蘇山大爆発』(幻冬舎新書)，『安山岩と大陸の起源』『沈み込み帯のマグマ学』(以上，東京大学出版会)など．

和食はなぜ美味しい —日本列島の贈りもの

2014年11月21日　第1刷発行
2022年9月26日　第4刷発行

著　者　巽《たつみ》 好幸《よしゆき》

発行者　坂本政謙

発行所　株式会社 岩波書店
〒101-8002 東京都千代田区一ツ橋2-5-5
電話案内 03-5210-4000
https://www.iwanami.co.jp/

印刷・三秀舎　製本・中永製本

ISBN 978-4-00-006226-8　Printed in Japan